Bergslagens Kammarsymfoniker 50 år

En jubileumsskrift

Bergslagens Kammarsymfoniker 50 år

En jubileumsskrift

Bergslagens Kammarsymfoniker 50 år

En jubileumsskrift

Redaktör: Gustaf Berglund

I redaktionen: Birgitta Haglund

Bergslagens Kammarsymfoniker och vårt projekt Musik i
Bergslagen 50 år stöttas av

Sparbanksstiftelsen Bergslagen

Redaktör: Gustaf Berglund

I redaktionen: Birgitta Haglund

Omslagsdesign och layout: Gustaf Berglund

Förlag: BoD – Books on Demand, Stockholm, Sverige
Tryck: BoD – Books on Demand, Norderstedt, Tyskland

ISBN: 978-91-8057-746-5

Förord

Tro det eller ej, men 2024 är det 50 år sedan apotekaren och flöjtisten Gunnar Malmgren i Lindesberg samlade en skara musikanter och bildade en orkester. Han hade nog aldrig kunnat ana att hans lilla grupp skulle växa ut till en fullstor symfoniorkester, och att den ett halvsekel senare fortfarande skulle vara i full verksamhet.

Orkestern Bergslagens Kammarsymfoniker är ungefär som en humla. Någon har räknat ut att humlan, utifrån sin kroppsvikt, vingyta och slagfrekvens, är för tung för att kunna flyga. Humlans flykt är en obesvarad gåta. Men som väl är, vet inte humlan om det utan flyger ändå. Hur orkestern har lyckats finnas till i ett halvsekel och genomföra många hundra konserter är en gåta lika obesvarad som gåtan om humlans flykt.

Eller som Toomas Kapten, en av de dirigenter som ofta lett orkestern, så respektfullt uttryckte det i en teveintervju i samband med orkesterns 30-årsjubileum 2004: *"They are amateurs, pure amateurs. They don't know how difficult it is to play this music. That's why they can play it."* Som bekant kommer ordet amatör från latinets *amare*, att älska.

Genom åren har hundratals musiker, både professionella och amatörer, musiklärare och musikstuderande, medverkat i orkestern. Några av dessa bidrar här med sina personliga berättelser, anekdoter, minnen, möten, musikupplevelser och mycket annat.

Boken är tänkt att vara som en symfoni. En stämma gör ingen symfoni – det grekiska ordet *symfoni* betyder faktiskt samklang. Flera stämmor behöver flätas samman. Slutligen bildas en helhet som blir något mycket mer än summan av delarna.

En helhet, som förhoppningsvis ska ge mersmak och locka nya musiker och ny publik till konserterna med Bergslagens Kammarsymfoniker de kommande 50 åren.

Ett stort tack till alla som med sina berättelser och bilder medverkat till att den här boken kunnat bli till. Ett stort tack också till alla musiker, solister, dirigenter och konsertarrangörer som genom alla år gjort det möjligt för symfonin att klinga vidare. Humlan fortsätter att flyga …

Gustaf Berglund
redaktör

Bergslagens Kammarsymfoniker har webbsidan
www.kammarsymfoniker.se.

Lyssna gärna på oss på www.youtube.com

och

https://soundcloud.com/bkskammarsymfoniker.

Vi finns även på Facebook.

Symfoni.

G - moll.

Wilh. Stenhammar, Op. 34.

C.G. 4765p

Ur Wilhelm Stenhammars symfoni nr 2 g-moll op 34

Hur alltsammans började ...

När en apotekare får en idé, kan vad som helst hända ... 1973 kom Gunnar Malmgren (1916–2001) som apotekare till Lindesberg. Han var förutom apotekare även flöjtist, utbildad vid Musikaliska akademien i Stockholm och under 1940-talet försteflöjtist i Norrköpings radio- och symfoniorkester. Åren 1957–63 hade han vid sidan om arbetet som apotekare varit lärare på Ingesunds musikfolkhögskola i Arvika och hade 1963–72 haft samma arbete vid Framnäs musikfolkhögskola utanför Piteå. Eller om det nu var tvärtom: att han vid sidan om sitt arbete som flöjtist och pedagog också var verksam som apotekare?

Gunnar Malmgren

Foto privat

Apotekare Malmgren hade dock kvar ambitionen och behovet att fortsätta sitt musicerande. Med de kontakter han hade i det svenska musiklivet var det en naturlig utveckling för honom att handplocka musiker till en kvalitetsorkester med stråkar och några blåsare. 1974 samlades i det malmgrenska hemmet musiker från Lindesberg och orterna däromkring.

I den ensemble som först kallades Bergslagens Kammarorkester ingick makarna Margit och Göran Thunfeldt från Karlskoga, båda tidigare medlemmar i Stockholmsfilharmonikerna, som konsertmästare respektive stämledare i viola. Från Filipstad kom violinisterna Ulf Eklöf, en av initiativtagarna till SNYKO, Stockholms Nya Kammarorkester, och Gunnar Malmgrens son Göran, på den tiden fiollärare, senare musikadministratör och rektor för Kungliga Musikhögskolan. Göran Malmgren var även ordförande i orkestern under några år.

På oboe hördes 18-årige Ulf Bjurenhed från Hällefors, sedermera solooboist i bland annat Hovkapellet och Berlinoperans orkester och en av grundarna till KammarensembleN (KeN) I cellostämman märktes Pär Öjebo från Karlskoga, med ett förflutet i Radioorkestern. Sven-Olov "Nöte" Andersson från Grängesberg spelade valthorn i orkestern från första början och fram till början av 2000-talet.

Den nya orkestern hade sin premiärkonsert på församlingshemmet i Lindesberg den 22 november 1974. Konserten dubblerades den 24 november i Filipstad. På programmet för denna första konsert stod 9 satser ur Johann Helmich Romans Drottningholmsmusik, en kvartett för violin, flöjt, valt-horn och cello av Carl Stamitz samt Mozarts konsert för flöjt, harpa och orkester. Solister var Gunnar Malmgren och harpisten Gloria Lundell. På dirigentpulten stod Arpad Bikfalvy, konsertpianist från Budapest som hittat kärleken i Lindesberg och arbetade som pianolärare i kommunens musikskola.

Den första konserten följdes av flera, och orkestern byggdes ut med blåsare från Grängesberg och Ludvika. Bland dirigenterna de första åren märktes Claude Génetay, Ingemar Berg, Eivor Henriksson, Hans Leygraf, Yngve Sirén, Sven Dahlberg, Ralph Gustafsson och Lars Tilling. Från och med sommaren 1982 var Glenn Mossop orkesterns återkommande dirigent.

Sommarkurser
Från och med 1977 blev en årlig sommarvecka tradition och en väsentlig förutsättning för orkesterns existens. Under sommarkurserna gjorde man också en eller flera konserter. De första åren ambulerade sommarkurserna

mellan olika platser i Sverige och Danmark. Från 1985 och ett antal år framöver blev Cassels konserthus i Grängesberg den fasta punkten.

Nedläggning eller fortsatt verksamhet?

Hösten 1982 aviserade Gunnar Malmgren, orkesterns grundare och ordförande, sin avgång. Tveksamheten var stor: skulle det överhuvudtaget gå att fortsätta?

Några åtaganden gjorde det dock svårt att bara hux flux lägga ned verksamheten.

Orkesterns första arbetsår med Glenn Mossop som fast dirigent var i full gång. Under sommarkursen hade man repeterat in ett program med Richard Strauss oboekonsert och Mendelssohns Italienska symfoni som huvudnummer, Detta program repriserades vid två konserter i Lindesberg respektive Karlstad i oktober, samt en konsert (som också sändes i radion) i Ludvika våren 1983. Däremellan låg Bachs Juloratorium i dubblerad upplaga i Karlskoga och Karlstad.

Och från Karlskoga kom ett anbud att göra Lars-Erik Larssons Förklädd gud. Det accepterades, och konserten ägde rum 22 mars 1983, med Georg Lidström på dirigentpulten.

Det som definitivt säkrade orkesterns överlevnad verkar ha varit ett uppdrag från Säffleoperan. Här skulle man sätta upp Mozarts opera Così fan tutte. Dapontes libretto hade översatts av Astri Bergh, Einar Bergh regisserade och alternerade i rollen som Don Alfonso, och i andra roller sågs Peter Tornborg, JO Andersson, Anders Hörngren, Sonja Söderqvist, Helena Amoghli och Gunilla Bonde. I orkesterdiket satt Bergslagens Kammarorkester, under ledning av Glenn Mossop.

Orkesterns framtid var räddad, och man kunde fira ett 10-årsjubileum med att bland annat uruppföra Erland von Kochs Bergslagsuvertyr. Gunnar Malmgren var tillbaka och gästspelade genom att tillsammans med Gunnar Näsman göra Domenico Cimarosas dubbelkonsert för två flöjter.

Namnbyte

Redan efter några år hade Bergslagens Kammarorkester vuxit till en liten symfoniorkester. 1985 bestod orkestern av drygt 40 musiker, och under 1986 spelade ofta mer än 50 musiker i orkestern. "Varför man kallar sig 'kammarorkester' är inte lätt att förstå", skrev Werner Wolf Glaser i en recension 1985.

Namnet Bergslagens symfoniorkester var dock upptaget av en lokalt arbetande, mindre orkester. Efter en enkät bland medlemmarna byttes namnet från och med 1987 till Bergslagens Kammarsymfoniker, med förkortningen BKS.

Och på den vägen är det … det är tur att apotekare får idéer!

Gustaf Berglund

Källor:

Björklund, John (1987). *Bergslagens kammarsymfoniker – före detta Bergslagens kammarorkester – en unik pedagogorkester i Mellansverige.* Uppsats i Musik och samhälle vid SMI, Stockholms musikpedagogiska institut, vårterminen 1987.

Malmgren, Göran (2024). *Personlig kommunikation.*

Ur Wilhelm Stenhammars symfoni nr 2 g-moll op 34

Full koncentration i träblåset

Foto © Per-Ola Eneroth

Rei Munakata, dirigent på sommarkursen 2009.
Vi spelade bland annat Askungen av Sergej Prokofiev.
Foto © John Björklund

Cassels

Kanske det inte hade blivit så mycket av Bergslagens Kammarsymfoniker, om det inte hade funnits ett enastående konserthus i Grängesberg? Och detta konserthus, som har tydliga likheter med Bank of England och Royal Albert Hall i London, hade aldrig byggts om det inte varit för den osannolike engelske bankiren och finansmannen Ernest Cassel (1852–1921).

Sir Ernest Cassel. Kan det ha varit Anders Zorn som målat porträttet?

Ernest Cassel föddes i Tyskland, som son till en judisk bankir i Köln. Som 18-åring flyttade han till London och började arbeta på en bankirfirma. 22 år gammal blev han firmans chef.

Den framgångsrike finansmannen Cassel blev anlitad av det engelska hovet för att få någon ordning på deras trassliga ekonomi. En tacksam kung Edward VII adlade honom till Sir Ernest.

Sir Ernest hade affärer runtom i världen och finansierade gruvor och järnvägar och det första tunnelbanebygget i London. I Sverige intresserade han sig för den mellansvenska malmen och genomförde omfattande moderniseringar av gruvdriften i Grängesberg. För att kunna exportera malmen såg han till att det byggdes järnväg från gruvan ned till hamnen i Oxelösund, vilket blev Trafikbolaget Grängesberg-Oxelösunds Järnväg (TGOJ).

Cassel hade starka filantropiska och kulturella intressen. Konstnären Anders Zorn var en ofta sedd gäst i det casselska hemmet, och det var genom Cassels försorg (och sponsring) som Zorn reste till USA för att måla presidentporträtt.

År 1896 donerade Ernest Cassel 250 000 kronor till en fond kallad E Cassels arbetarefond vid Grängesbergs gruvor. Fonden skulle användas till uppförande av en byggnad med bibliotek och läsrum för arbetarna samt lokaler för konserter, sammankomster, fester och föredragshållande. Dessutom skulle ett badhus och ett skolkök byggas.

Konserthuset invigdes 10 januari 1900, med Västeråsbiskopen J A Ekman som invigningstalare.

Gåvan togs emot med viss skepsis av Grängesbergs arbetare och den relativt nybildade avdelning 1 av Svenska Gruvindustriarbetareförbundet. Donationen betraktades med misstroende, och man befarade att det bakom dolde sig planer som arbetarna borde se upp med. Arbetarföreningens egen lokal hade invigts 1894, och man ifrågasatte behovet av ännu en samlingslokal. Dock bildades några år senare en Folkets Hus-förening, och Folkets Hus kunde invigas 1914. Föreningen byggde också en folkpark, som öppnade 1920.

Även om Cassels donation var till Grängesbergs arbetare bestod styrelsen under de första 20 åren av landshövdingar, bruksdisponenter, direktörer och någon prost och grosshandlare. Dessa tolkade formuleringen i Cassels donationsbrev om att byggnaden inte fick användas till "predikolokal" som att några politiska eller religiösa möten inte fick förekomma. Hjalmar Branting fick inte tala i Cassels, och Torsten Fogelkvists föreläsning 1913 om August Strindbergs Röda rummet förbjöds, då författaren ansågs "alltför socialistisk".

Musik i konserthuset

Cassels blev redan från början centrum för ett sjudande musikliv. Grängesbergs Orkesterförening, Saxdalens Manskör, Ludvika Orkesterförening, Damkören Spectrum, Grängesbälgarna, Grängesbergs Allmänna Sångsällskap och Ludvika Manskör är bara några av de lokala ensembler som haft sitt hemvist i huset. Här har också spelats lokalrevy, och fram till mitten av 1970-talet fungerade konsertlokalen också som biograf.

Många turnerande musiker och ensembler har framträtt i huset. Namn som Vladimir Ashkenazy, Elisabeth Söderström, Sylvia Lindenstrand, Lars Roos, Roland Pöntinen, Nisse Landgren och Lill Lindfors har stått på affischerna.

Från 1985 och ett antal år framåt blev Cassels den fasta platsen för BKS, både för sommarens kursveckor och för konserter under resten av året.

Vad står det egentligen i noterna?   Foto © John Björklund

Brand och återuppbyggnad

30 april 1992 firades Valborgsmässoafton med vårkonsert i Cassels och majbrasa utanför. Några timmar senare, klockan 01.32, gick brandlarmet. Deltidsbrandkåren i Grängesberg ryckte ut, efter några minuter förstärkt av räddningstjänsten från Ludvika. Vid 03-tiden på natten kom den största rökgasexplosionen, och konsertlokalens tak störtade in. Släckningsarbetet fick koncentreras till foajédelen och sidoutrymmen. Av konsertsalen återstod bara väggarna och kolonnerna av tegel.

Den troliga brandorsaken var en påsksmällare instoppad i dörrkarmen på den södra ytterdörren. Detta har dock inte fastställts, och någon förövare har aldrig ställts till svars.

Genom heroiska insatser kunde orkesterföreningens unika notarkiv räddas under nattimmarna. Malmsjöflygeln på andra våningen lyftes dagen efter branden upp med kran genom ett hål i taket, och kunde sedermera renoveras till en kostnad av 45 000 kronor. I övrigt var förödelsen total.

Försäkringshandlingarna kunde först inte hittas i kommunens arkiv, då de inte låg under "C" utan i "E", som i Ernest Cassel. När de återfanns, visade det sig ändå att byggnaden var fullvärdesförsäkrad.

Men vad var "fullvärde" för en nästan sekelgammal och allvarligt nedsliten byggnad, belägen långt bort i ingenstans, i ett avsomnande gruvsamhälle? 1989 hade gruvan i Grängesberg lagts ned, utrustningen plockats upp och auktionerats bort, och det stora dagbrottet Skärningen höll nu på att vattenfyllas.

Försäkringsbolaget kom med ett bud om ett engångsbelopp på 8 miljoner kronor, som man "kunde göra vad man ville med". En lokal opinion ville att man skulle anta detta och ersätta Cassels med en ny samlingslokal inne i Ludvika.

Men för de många människor som stått och gråtit vid branden blev detta en adrenalininjektion. Att först förlora gruvan, som i många år varit traktens pulsåder, och sedan Cassels – det blev bara för mycket! Cassels måste helt enkelt återuppbyggas.

En budget på drygt 20 miljoner togs fram. Handikappanpassning, ventilation och VA-anläggning drev upp kostnaderna. Förutom ersättningen från försäkringsbolaget och bidrag från gruvbolaget, kommunen och Boverket finansierades återuppbyggnaden av insamlade medel. Bland annat "såldes" tangenter för 1000 kronor styck för att finansiera inköpet av en ny Yamaha-flygel.

Efter en osannolikt kort byggtid kunde Cassels återinvigas den 13 augusti 1994 inför en fulltalig publik. Akustiken visade sig vara förnämlig innanför de träklädda väggarna, och till och med målningarna i taket hade återställts.

Takmålning ovanför Cassels scen.   Foto © Thomas Gustafsson

BKS tillbaka i Cassels

Efter några års ambulerande tillvaro med sommarkurser på Brunnsviks folkhögskola, i Fagersta och på turné i Estland kunde Bergslagens Kammarsymfoniker komma tillbaka till Cassels. I många år hölls sommarkurserna här, med logi på Brukshotellet och vandrarhemmet. På senare år har kurserna hållits på andra platser: Klackbergsgården i Norberg, Räfsnäsgården i Ludvika, Sjöviks folkhögskola och Åkerby herrgård i Nora. Orkestern har dock varje år kommit tillbaka till Cassels för den avslutande festkonserten på lördagen.

Cassels   Foto © Gustaf Berglund

Cassels har alltså likt fågel Fenix återuppstått ur askan. Grängesbergs orkesterförening spelar ibland i huset, och artister som The Real Group, Amanda Bergman och Malena Ernman är inbokade för konserter. Och för BKS jubileumskonsert 2024 är Cassels den självklara scenen.

Gustaf Berglund

Källor:

Casparsson, Ragnar & Schröder, Jan-Olov (1993). *Avdelning 1 100 år – ett kalas med förhinder.* Grängesberg: Svenska Gruvindustriarbetareförbundet Avdelning 1.

Schröder, Jan-Olov (2000). *Cassels 100 år 1900–2000.* Grängesberg: Stiftelsen E Cassels Arbetarefond.

www.cassels.eu

www.mittgrangesberg.se

En annan plats där BKS ofta spelat är Hörkens kyrka, med den välkomnande tjärdoften. Här spelade vi på torsdagskvällarna under många sommarkurser. Vartannat år stråk, vartannat år blås – fler ryms inte i den lilla kyrkan. Resten av BKS åkte till Smedjebacken och konserterade i Norrbärke kyrka.
Foto © Gustaf Berglund

Juhani Lamminmäki, dirigent på sommarkursen 2007. Bland annat spelade vi Tavlor på en utställning, av Modest Musorgskij. Senare bjöd Lamminmäki oss över till Finland, där vi tillsammans med bland andra Hillevi Martinpelto framförde Giuseppe Verdis Requim i Esbo och Helsingfors.
Foto © John Björklund

Från sommarkursen 2017. Fr v konsertmästaren Tapani Stenroos, Birgitta Ljungkvist, Jan och Harriet Nordenholm samt Liza Eriksson.   Foto © Kristina Génétay

Bergslagens Kammarsymfoniker fyller 50 år

Glenn Mossop berättar

Glenn Mossop

Foto © Jan Nordén

Bergslagens Kammarsymfoniker eller kort och gott BKS, denna friska och vitala 50-åring, har en alldeles särskild plats i mitt hjärta. Det samarbetet jag under väldigt många år haft med orkestern har en stor betydelse för mig personligen, en betydelse som har rört sig på många plan.

På ett professionellt plan har umgänget med BKS varit ovärderligt! Första gången jag arbetade med orkestern var vid sommarkursen i Ransäter 1982 Jag hade då precis avslutat sex år av studier i orkester-dirigering på Kungliga Musikhögskolan (KMH) i Stockholm. Jag var ju lika grön som folkhögskolans gräsplan! Trots detta verkade orkestern stå ut med alla mina tillkortakommanden. Musikerna kände nog hur uppknäppt, glad och hedrad jag kände mig över att få musicera med dem.

Dirigent med bar överkropp
På tal om "uppknäppt" minns jag ett tillfälle denna sommar då jag dirigerade en blåsensemble ute vid dammen på Geijerskolan. För första (och hittills enda) gången i mitt liv dirigerade jag med bar överkropp!

Under hela 80-talet fick jag jobba regelbundet med orkestern och fick möjlighet att förkovra mig i en stor repertoar. Utöver den rena symfoniska repertoaren med orkestern blev det flerfaldiga tillfällen att samarbeta med framstående solister. Det var pianister som Hans Leygraf, Käbi Laretei, Per Östlund och, senare, även en elev till Hans Leygraf – österrikaren Stefan Arnold. Bland sångarna märktes Elisabeth Söderström, Stefan Dahlberg och Maria Keohane. Jag fick också lära känna stråkmusiker som Erik Jakobsson och John Ehde och blåsmusiker som Gunnar Malmgren, Gunnar Näsman, Klas Sjöblom, John Björklund och Lars Långström.

Dessa samarbeten var alltid oerhört stimulerande. Oftast fick man jobba intensivt över flera dagar och konsertera med verken flera gånger, vilket gjorde att orkestern inte bara lärde sig sina stämmor utan fick möjlighet att sätta sig in i verken på ett djupare plan och spela som en jättestor kammarensemble.

Om jag skulle bara ge ett exempel på solisternas betydelse, tänker jag på två pianokonserter av Mozart: nr 19, K.459 i F-dur (januari, 1986) och nr. 17, K.453 i G-dur (mars, 1987) som BKS framförde med Hans Leygraf. I avslutningarna på de långsamma mellansatserna i dessa två verk ville Leygraf få med en subtil men ändå kännbar avtagande hastighet. Plötsligt, när detta skedde vid konserten, kände vi att vi var i sällskap av en stor mästare! Ja – två stora mästare: Mozart förstås, men också Hans Leygraf! För mig var det en uppenbarelse.

Bästa tänkbara komplettering till studierna vid Musikhögskolan

Genom mitt arbete med BKS fick jag verkligen lära mig mitt yrke "på podiet"! Det var den bästa tänkbara kompletteringen till mina studier på KMH, att om och om igen få arbeta med en synnerligen kapabel orkester. En orkester som inte bara besitter ett stort musikaliskt och tekniskt kunnande, utan närmar sig musiken med ett brinnande engagemang! Visst dirigerade jag även andra orkestrar under dessa år – både professionella och amatörensembler – men det regelbundna arbetet med BKS var verkligen det som mer än något annat formade min yrkesutövning som dirigent.

Utöver den rent yrkesmässiga aspekten har BKS betytt mycket för mig på det mänskliga planet. Att umgås och musicera med ett så mångfacetterat gäng av trevliga, begåvade, intelligenta och roliga människor har varit ett privilegium, och de kontakter man knutit med olika orkestermedlemmar har varit underbara i sig. Ofta har de lett vidare till andra spännande kontakter. Just här tror jag finns en del av skälet till särarten hos BKS.

Långfärdsorkester

BKS är, som alla vet, en "långfärdsorkester". Den samlas för sommarveckan och för rep och konserter på många olika ställen under höst, vinter och vår. Alla reser till spelplatsen. Årstid och väderlek spelar ingen roll. Alla är ivriga på att repetera, men innan vi börjar repa infaller den stora glädjen som kommer av att åter träffa alla medmusikanter! Den känslan av emotsedd, efterlängtad gemenskap är väl en av ingredienserna som för mig gör sammankomsterna lustfyllda, roliga ja – oemotståndliga!

Den lokala orkesterföreningen som möts en gång i veckan har kanske också något av detta, men inte riktigt lika påtagligt. Det finns alltid något festligt när BKS samlas till rep och konserter – en kittlande förväntan som har både mänskliga och musikaliska förtecken.

Är Bergslagens Kammarsymfoniker annorlunda än andra amatörorkestrar? Naturligtvis finns det många likheter, och jag har inget syfte att försöka rangordna olika svenska amatörorkestrar. Men om jag försöker sätta fingret på det som är annorlunda, utöver det jag skrivit ovan, tror jag att det är just det att orkesterns fortlevnad kräver så mycket av *alla* som vill vara med. Framförallt gör orkesterns ordförande och styrelse ett stort arbete med att lösa alla de praktiska problem som uppstår – resor, noter, lokalbokning, flygelstämning, lunchmackor och tusen andra saker som måste till för att någon konsert överhuvudtaget ska komma till stånd.

Orkestern fyller nu 50 år. Gunnar Malmgren satte i gång tåget och lämnade så småningom över stafettpinnen till John Björklund. Under mina mest intensiva år med orkestern var John den allt-i-allo som löste allt det problematiska. Under hans energiska och kompromisslösa ledning transformerades orkestern från en liten kammarorkester till en fullstor symfoniorkester.

John fick förstås stor hjälp av styrelsekollegorna, men han var navet kring vilket verksamheten roterade. Hans mantel har tagits över av andra engagerade ordförande och styrelseledamöter, och allt det goda han lämnat efter sig förblir en inspirerande kraft.

Spelkulturen och ambitionsnivån i BKS

Den spelkultur och ambitionsnivå som BKS har utvecklat gör att orkesterns attraktionskraft är stor. Är du seriöst intresserad av orkesterspel utan att behöva vara någon professionell musiker – du kanske jobbar till vardags med ett annat yrke inom musik eller något helt annat – då vet du att du kommer att finna en hög spelnivå bland dina medmusiker i BKS. Den kunskapen gynnar ambitionsnivån hos alla! Kommer du till en spelhelg utan att ha övat tillräckligt kan du vara säker på att känna dig obekväm eftersom dina spelkollegor har kommit mycket längre! Då återstår bara att blåöva under alla lediga stunder och se till att, nästa gång, vara redo!

När solen bländade – under radioinspelning!

Medan jag skriver detta strömmar många härliga minnen till när jag tänker på orkestern.

Västanfors kyrka den 5 april 1987. Dagen innan har vi uruppfört Swante Edlunds kantat nr 3 för kör, solister och orkester i Norbergs kyrka. Nu ska vi göra ett andra framförande, och den här gången ska konserten spelas in för att senare sändas i Musikradion.

Sent på eftermiddagen, när vi ska börja konserten, kommer vårsolen in genom kyrkans sidofönster och bländar cellisterna och basisterna som sitter till höger om mig.

Verket inleds med en svag, långsam melodi i cello och bas. Jag ser att musikerna är besvärade, men jag kan inte riktigt vänta ut solens gång eller förse de drabbade med solglasögon! Vi börjar – och det låter, på ren svenska, för djävligt! Jag tänker – detta går aldrig att sända i radio.

Vad ska jag då göra för att behålla ett visst mått av dekorum och inte bara slå av och börja om? Precis bakom mig har jag en liten stentrappa som går ner till mittgången. Jag backar litet diskret och sen, plötsligt, trillar jag nerför trappan och försöker ge intryck av att det är en olycka, trots att alltsammans är mycket kalkylerat från min sida. Väl nere hoppar jag omedelbart upp på podiet med en glad min och försäkrar publiken att det gått bra, och att vi bara ska starta om.

På något sätt känns det besvärande plötsligt mindre allvarligt, och inledningen går nu, liksom resten av konserten, alldeles utmärkt!

Ur Wilhelm Stenhammars symfoni nr 2 g-moll op 34

Jag får också upp andra minnesbilder …
Paus i repetitionerna under en sommarkursvecka. Vi går ned ett gäng till den närbelägna badsjön. Ingemar Åhlström simmar som en delfin!

Mitt under en konsert blir jag stel av fasa. Fagotterna har en viktig insats, och jag ser, en halv sekund före taktstrecket, att Johns fagottmunstycke befinner sig långt från hans mun! Men mirakulöst nog hinner han.

Festen efter avslutningskonserten på en sommarkurs. Erik Jakobsson, Gunnar Morén och Erik Nordström dyker upp i orientalisk mundering. De framför Delsbo brudmarsch med wienklassiska förtecken – ”när Mozart kom till Delsbo”!

Hur grattar man en hel orkester som under sin 50-åriga historia kan räkna 100-tals musiker bland sina medlemmar. Kanske den bästa hyllningen är bara att önska ytterligare 50 glänsande år!

Med stor tacksamhet,

Glenn Mossop

Annons för sommarkursen 2001

Stråkrep i Amelinsalen 2011, under ledning av Anders Jakobsson   Foto © Gustaf Berglund

Ur Wilhelm Stenhammars symfoni nr 2 g-moll op 34

Att vara gift med en symfoniorkester

Ulla Björklund berättar

Ulla Björklund

Foto © John Björklund

Det är en omöjlighet att skriva en historik över Bergslagens Kammarsymfoniker utan att nämna John Björklund. Men det borde vara lika omöjligt att berätta om Johns mångåriga gärning som fagottist, turnéledare och ordförande i orkestern utan att nämna hans hustru Ulla. Utan hennes insatser hade nog Johns arbete med orkestern varit omöjligt.

Polarkylan har plötsligt släppt. Denna den slaskigaste av måndagar i januari tar jag tåget till Kopparberg och träffar Ulla Björklund. Hon bor fortfarande kvar i det tornförsedda huset på Älvgatan, där John och hon bodde i många år. Men huset är också Ullas barndomshem, här växte hon upp. Bland husets alla trivselfaktorer måste nämnas den egna badstranden – tomten gränsar till Garhytteån. Just nu är emellertid vattnet istäckt.

28

– Så betydelsefull för orkestern tror jag inte att jag varit, säger Ulla Björklund där vi sitter vid köksbordet över en kopp kaffe. Det har varit Johns stora intresse, medan jag har hållit på med mitt.

På väggarna i det björklundska hemmet hänger otaliga bilder från konserter och turnéer med BKS och andra orkestrar, varvade med familjebilder med barn, barnbarn och barnbarnsbarn. I hyllor och skåp trängs otaliga partitur och orkesterstämmor med systematiskt ordnade diabilder och dagböcker.

– John var alltid noga med att dokumentera det han gjorde, säger Ulla.

Gycklarbussaronger och narrkåpor

Någon större avlastning i hushållsarbetet kan Ulla knappast ha haft. Redan 1965, samma år som äldsta dottern Tone föddes, startade John tillsammans med studiekamraten Sven Berger ensemblen Joculatores Upsalienses, som spelade musik från medeltid och renässans på tidstypiska instrument, iförda gycklarbussaronger och narrkåpor. Joculatores var under många år ett begrepp i svenskt musikliv och reste på turnéer både inom Sverige och utomlands. Bland annat gjorde de ett stort antal skolkonserter.

– Jag var med på en resa nedåt Balkan, minns Ulla. Det var en konsert med ett delat program. En av landets största auktoriteter på äldre musik spelade i den första avdelningen. Men han var så stel, han hade nästan ingen mimik alls. Så kom Joculatores efter paus, och publiken blev närmast chockad över deras skojfriska spexande.

Joculatores Upsalienses (John Björklund 2:a från höger)   Foto © Ulla Björklund

Konsertresor utan barnvaktsproblem

När barnen var små bodde familjen på Rackarberget i Uppsala, i omedelbar närhet av Ullas syster Britt-Ingrid (Minge, som hon kallas) och hennes familj. Barnen i de båda familjerna var jämnåriga och blev som syskon. Några större barnvaktsproblem var det aldrig tal om, som Ulla minns det.

Några turnéer och konsertresor har Ulla följt med på genom åren, men för det mesta har orkesterverksamheten varit Johns avdelning.

John och Ulla Björklund

Foto © Gustaf Berglund

– Jag har haft mitt liv, och han har haft sitt, säger Ulla. Men jag har ändå känt mig delaktig. Även om John har haft huvudet fullt av funderingar över hur i all världen han ska kunna få tag i någon som kan spela tredje horn eller andra trumpet i nästa konsertprojekt om någon vecka, har han alltid berättat för mig vad han haft på gång. Han har alltid berättat för mig över köksbordet eller i bilen till eller från jobbet, så jag har alltid känt att jag har varit med på ett hörn.

Långpendling

Under många år långpendlade paret Björklund mellan hemmet i Kopparberg och jobben i Fagersta, där Ulla arbetade på biblioteket och John var rektor tillika träblåslärare på Kulturskolan.

– Sju mil enkel resa morgon och kväll, det blev minst 70 mil på vägen varje vecka, minns Ulla. Det var tungt, måste jag medge. Men samtidigt gjorde den där timmen på vägen hem att vi kunde koppla av från jobbet och känna oss lediga när vi var framme.

Intressanta bekantskaper

Genom Johns arbete med orkestern har Ulla genom åren lärt känna många musiker. Inte bara medlemmarna i BKS, utan också dirigenter som Glenn Mossop och Toomas Kapten och solister som Hans Leygraf, Ulf Wallin och Stefan Arnold. För att inte tala om alla de ungdomar som varit med i orkestern och sedan gått vidare och utbildat sig till yrkesmusiker. Listan är mycket längre än så här …

– Någon gång kunde John bli arg på mig, när jag skulle ta gruppbilden av orkestern i samband med avslutningskonserten på sommarkursen, säger Ulla. Han menade visst att jag borde ha stått i någon annan vinkel, eller stått kvar en liten stund till.

– Och visst tror jag att det var ganska tungt för John de sista åren han var ordförande, och att han sedan hade svårt att släppa ansvaret och låta bli att lägga sig i. Men annars tycker jag bara att det varit roligt.

– Bergslagens Kammarsymfoniker hade en väldigt stor plats i Johns hjärta, säger Ulla Björklund. Men jag fick plats där, jag också.

Vid pennan
Gustaf Berglund

Hallå där dirigenten! Mannen vid pukorna spelar bara när ni tittar på honom! Tobias Bergsten har paus. I bakgrunden Pelle Östlund. Foto © Per-Ola Eneroth

Ragnar Edlund finstämmer   Foto © Per-Ola Eneroth

Bastanter! Fr v Hedvig Kjellström, Ewa-Lena Sjöberg och Hervor Schweidenbach. Foto © Lena
Veiring Pettersson

BKS och tre generationer Inge

Anders Inge, numera frilansmusiker och organist i Gagnef, var konsertmästare i Bergslagens Kammarorkester åren 1978-82. Orkestern spelade då ofta i Lindesberg, Fagersta, Grängesberg och andra platser i Bergslagen. Sommarkurserna hölls i Kloten, i Falkenberg och i Danmark.

Den 28 okt 1979 framträdde Anders som solist i Kurt Atterbergs Concertino för violin och viola, med pappa Martin i altfiolstämman. Anders har också en anknytning till orkesterns födelsestad Lindesberg genom att Anders farfars bror Axel Inge var fiolspelman där. Hans låtar spelas än idag.

Anders Inge har senare medverkat i BKS både som solist och dirigent. Även hans döttrar Jonna (viola och mezzosopran) och Anja (cello) har framträtt som solister med orkestern.

Här berättar Anders Inge om Bergslagens Kammarsymfoniker och tre generationer i familjen Inge. I andra generationen hör också Anders bror Gunnar hemma, han satt i cellostämman i många år.

Anders, Jonna och Anja Inge   Familjefoto

Anders Inge berättar

Bergslagens Kammarorkester, senare Bergslagens Kammarsymfoniker, uppstod inte ur tomma intet. Manegen var enligt min far Martin Inge redan krattad, då det redan fanns ett aktivt musikliv i trakten.

Upprinnelsen till symfoniorkesterlivet runt Grängesberg-Ludvika var den, att Cassels hade sin eminenta konsertsal. På 20-talet leddes orkesterföreningen av bland.andra militärmusikern Knut Söderström, han som skrev den underbara valsen "I Sommarnatt". Många av solisterna hos Konsertföreningen i Stockholm repriserade sina program i Cassels. Detta kan man se på affischer i Stockholms konserthus. Cassels huserade även ortens föreningsliv i form av nykterhetsloger och biografverksamhet, vilka engagerade musiker till sina föreställningar och veckomöten. Tänk att få spela inför publik varje vecka!

Mauritz Karlsson var en som var mycket aktiv redan som tonåring i dessa sammanhang. Via studier vid Ingesund och senare en lärartjänst i Västerås kom han tillbaka som dirigent och musikledare i Ludvika-Grängesberg. Hans engagemang som den fullblodsmusiker han var kan inte nog värderas. Han dirigerade Ludvika Orkesterförening och lyfte musiklivet i Ludvika med symfonimusik och solistkonserter till en hög nivå. Mina tidigaste upplevelser av att spela bland annat Beethovens symfonier hade jag i den orkestern.

När BKS bildades av Gunnar Malmgren var det just Mauritz som tog kontakt med vår familj. Framförallt ville han att min far Martin Inge skulle medverka på altfiol. Jag engagerades som konsertmästare, och min bror Gunnar satt i cellostämman.

Jag hade kommit tillbaka från studier och arbetsliv i Schweiz-Tyskland och tyckte det var mycket stimulerande att få användning för mina kunskaper. Framförallt minns jag samarbetet med dirigenten Sven Dahlberg som tidigare hade dirigerat Västerås Symfoniorkester, samt pianisten Hans Leygraf som gärna spelade och dirigerade Mozart och Beethovenkonserter med orkestern.

För att ta det från början, fick jag förmånen att få undervisning i Fagersta musikskola. Blockflöjt var det som gällde från början, och så småningom blev det fiol. Det jag minns starkast från den tiden är elevorkestern med orkesterläger på Söderbärkegården och den gemenskap som där skapades. Så småningom åkte jag till Västerås för lektioner hos Gert Crafoord och en anställning i Kammarorkestern. På hemmaplan i Fagersta fick jag den bästa undervisning man kan tänka sig i övrigt; piano. orgel och teori hos organisten Greta Lundqvist. Jag har haft oerhörd glädje över denna breda utbildning från start, något som verkligen inte var självklart utanför storstäderna.

Mellan 1972 och 1980 bodde jag i Schweiz, bland annat på grund av att jag fick kontakt med den legendariske fiolpedagogen Max Rostal. Han var lärare till storheter som Amadeuskvartetten, Henryk Szeryng och andra. Jag hade under dessa år även anställning i Camerata Bern, en kammarorkester som turnerade och gjorde inspelningar på Deutsche Grammophon.

1980 kom jag tillbaka till Sverige och Stockholm. Jag har sedan dess haft min plattform mestadels hos Radiosymfonikerna men även hos Filharmonikerna och Uppsala kammarsolister. Mitt stora intresse har hela tiden varit kammarmusiken. Jag anser att de bästa verken finns i den repertoaren. Sonater av klassikerna eller duos av till exempel Ravel har minst lika mycket att ge som stora orkestrala verk.

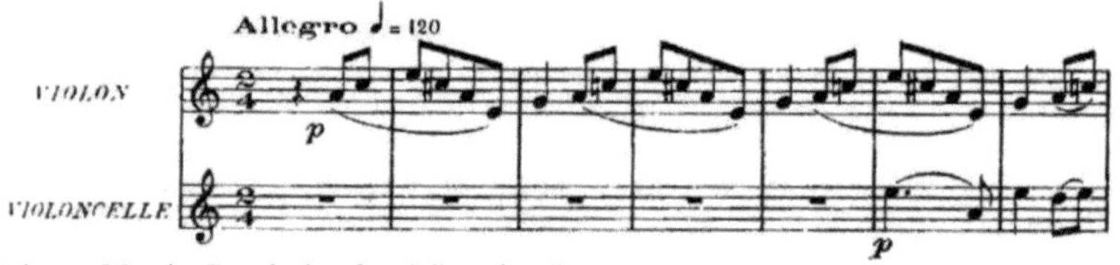

Början av Maurice Ravels duo för violin och cello

Tango, csárdás och klezmer

Något som även har upptagit mitt intresse är argentinsk tango, ungersk csardas och judisk klezmer. Tangon på grund av att en bekant, Olivier Manoury, frågade om jag hade lust att spela med honom i Paris 1979. Jag fick blodad tand och har sen dess organiserat turnéer och spelat in några tangoskivor med honom. Han är numera en av de ledande inom genren.

Olivier Manoury   Foto privat

Csárdás är något som fascinerat ända sen jag var barn. Dessa ungerska violin- och cimbalonvirtuoser tycktes ha färdigheter som var ouppnåeliga och det var en stark önskan hos mig att någon gång få spela i en csárdás-ensemble. Till min lycka fick jag kontakt med en cimbalonspelare, Josef Feher, som har spelat med alla stora primas (Lajos Boross, Sandor Lakatos etc.) Zigenarmusiken har haft stark påverkan på musiker och kompositörer i alla tider. Schuberts forell-kvintett skrevs till exempel efter det att Schubert hört ett zigenarkapell i Budapest. Brahms skrev in rent zigenska teman i sin kammarmusik. Och så vidare … .

Klezmer tycker jag känns besläktat med zigenarmusiken. Den är en östeuropeisk-judisk tradition med mycket orientaliska inslag, åtminstone

37

med mitt nordiska perspektiv. Här har det för min del handlat om festivalkonserter och turnéer i Tyskland där jag har försökt smälta in i det orientaliska med min Fagersta-bakgrund!

Kammarmusik och organisttjänst

Idag spelar jag mycket kammarmusik med kolleger från alla år i Stockholmsorkestrarna och bor i Gagnef, där jag även är organist. Mina döttrar Jonna och Anja som har varit solister med BKS har lärartjänster och frilansar som sångare och på viola (Jonna, i Radiokören och Uppsala Kammarorkester) och som cellist (Anja). Jonna har utbildat sig i Glasgow och i Amsterdam, för den japanska violasten Nobuko Imai. Anja studerade på Musikhögskolan i Malmö och hade bland andra Mats Rondin som cellolärare.

Edward Elgar, cellokonsert e-moll op. 85, inledningen

Jonnas och Anjas yrkesval berodde till största delen på att de tidigt fick spela i Stockholms ungdomssymfoniker med dirigenten Wille Sundling, i kombination med att de gick i Adolf Fredriks körskola och senare Södra Latins Musikgymnasium. Det är i gemenskapen med andra musicerandet blir meningsfullt! Att musiken funnits i vår familj genom min far Martin och min bror Gunnar gör självfallet att deras val blivit naturligt.

Genom åren har jag haft många uppdrag med Bergslagens Kammarsymfoniker tack vare John Björklund, som också stöttat mig i allehanda konsertidéer. Jag känner mig mycket tacksam för det!

Anders Inge

Koncentration i stråket   Foto © Per-Ola Eneroth

En framgångssaga med Bergslagens Kammarsymfoniker

Marie J:son Lindh Nordenmalm berättar

Marie J:son Lindh Nordenmalm. Foto © Carina Remröd

När jag fick förfrågan att skriva om mitt samarbete med Bergslagens Kammarsymfoniker inför 50-årsjubileet blev jag väldigt glad och kände mig mycket hedrad.

Bergslagens Kammarsymfoniker är en 50-årig musikalisk framgångssaga med hög konstnärlig nivå, och orkesterns insatser för kulturlivet i Sverige är ovärderliga.

Framföranden av orkestermusik och större kyrkomusikaliska verk tillsammans med körer och solister är en stor och viktig uppgift.

Samarbetet utvecklar kulturlivet i regionen

Samarbetet startade 2008, och de dubblerade konserterna med Bergslagens Kammarsymfoniker, solister och de körer jag leder har fått stor uppmärksamhet i media. De betyder oerhört mycket för kulturlivet i regionen, för publiken i fullsatta kyrkor och för alla medverkande.

Sångarna i Nora Oratoriekör, Nora Kyrkokör, Nora kyrkas Ungdomskör och Näsby Fellingsbro Kyrkokör, de körer som jag ansvarar för, har utvecklats enormt av att få samarbeta med Bergslagens Kammarsymfoniker och framföra större verk. Många sångare har sökt sig till mina körer just för att få sjunga med orkestern.

Ur Mozarts Requiem K. 626, Lacrimosa

Årets Körledare 2016

För mig personligen har samarbetet med Bergslagens Kammarsymfoniker gjort att jag utvecklats både som orkesterdirigent och kördirigent. 2016 blev jag utnämnd till Årets Körledare i Sverige av *Föreningen Sveriges Körledare* och Inge och Einar Rosenborgs Stiftelse för svensk musik. En väldigt fin utmärkelse som jag delar med Eric Ericson, Gustaf Sjökvist, Anders Öhrwall och andra framgångsrika körledare i Sverige. Jag är helt övertygad om att samarbetet med Bergslagens Kammarsymfoniker bidrog till att jag fick denna utmärkelse.

Stora kyrkomusikaliska verk

Under årens lopp har vi tillsammans med orkestern framfört Matteuspassionen, Johannespassionen och Juloratoriet av Johann Sebastian Bach, Messias av Georg Friedrich Händel, Requiem och Kröningsmässan av Wolfgang Amadeus Mozart, Requiem av Gabriel Fauré, Förklädd gud av Lars-Erik Larsson och Requiem av Karl Jenkins. Många av dessa verk har framförts flera gånger. Konserterna har alltid getts i Nora kyrka, men vi har även framträtt i Västanfors kyrka, Ramsbergs kyrka, Fellingsbro kyrka och Heliga Trefaldighets kyrka i Arboga. Nora Oratoriekör och Nora Kyrkokör har varit med i alla produktionerna, men vi har också samarbetat med Västanfors och Västervåla Kyrkokör samt Ramsbergs Kyrkokör.

Matteuspassionen av Johann Sebastian Bach   Foto © PO Quick
Nora kyrka 1 april 2012
Bergslagens Kammarsymfoniker
Ulrika Bernövall, sopran, Lena Sundholm, alt, Fredrik Englund, tenor, och Jörgen Engström, bas
Björn J:son Lindh, cembalo, och Eivor Henriksson, orgel
Nora Oratoriekör, Ramsbergs kyrkokör, sångare från Nora kyrkas Ungdomskör och Bergslagens kontrakt
Dirigent: Marie J:son Lindh Nordenmalm.

Björn J:son Lindhs flöjtlärare grundade orkestern
Apotekaren och flöjtisten Gunnar Malmgren, som startade orkestern 1974, var under åren 1958–1963 verksam i Arvika. Min make Björn J:son Lindh var född i Arvika och tog flöjtlektioner för honom tills han kom in

42

på Kungliga Musikhögskolan i Stockholm. Ofta fick Björn ackompanjera på piano istället, då Gunnar gärna spelade flöjt själv!

Bästa sättet att fira sin födelsedag
Under alla år från 2008 fram till sin bortgång 2013 medverkade Björn J:son Lindh i konserter med Bergslagens Kammarsymfoniker som flöjtist, pianist, cembalist och organist. Han uppskattade väldigt mycket kvalitén och energin i orkestern, och han betonade ofta hur viktig orkestern var för kulturlivets utveckling.

Björn ville fira sin 65-årsdag den 25 oktober 2009 i Nora kyrka med orkestern. Då framförde vi Requiem av Mozart med 120 medverkande och fullsatt kyrka. Vid konserten framfördes även Andante ur Mozarts pianokonsert nr. 21 med Björn som solist. I Dagens Nyheter, Sundsvalls Tidning, Nerikes Allehanda och andra dagstidningar berättade Björn i intervjuer att han tyckte att det är det bästa sättet att fira en födelsedag på!

För Björn var det en stor upplevelse att sitta som cembalist mellan orkester I och orkester II vid framförandet av Matteus-passionen av Bach den 31 mars och 1 april 2012.

Björns sista framträdande med orkestern var 4–5 maj 2013 då Förklädd gud av Lars-Erik Larsson och Kröningsmässan av Mozart framfördes. Björn var tydligt märkt av sjukdomen, men han ville ändå genomföra konserterna med orkestern.

Felläsning – men det ordnade sig!
2013 års Guldbaggevinnare Johannes Brost var recitatör i Förklädd gud. Han läste även dikter tillsammans med Björn som improviserade på flöjt och synth. Johannes Brost berättade att han aldrig fått läsa Hjalmar Gullbergs vackra text. Han hade hört många skådespelare säga att de skulle få recitera texten i någon av Stockholms alla kyrkor och nu skulle han äntligen få göra det tillsammans med Bergslagens Kammarsymfoniker. Han var väldigt glad och stolt över det.

Inför konserterna satt vi hemma på verandan och planerade. Jag påminde om att han inte skulle läsa mellan sats 3 och 4 i Förklädd gud. Vid den första konserten glömde han det. Orkester-medlemmarna tittade oroligt på mig men jag tänkte att det ordnar sig, och Johannes rättade själv till det genom att istället inte läsa mellan sats 4 och 5. När vi bugade oss i applådtacket viskade Johannes till mig: "Jag vet, jag vet! Jag gjorde fel. Jag läser rätt imorgon i Nora kyrka."

Instuderingshjälp
Inför varje konsert gäller det att som dirigent vara väl påläst. Man ska ha partituret i huvudet och inte huvudet i partituret! Alla studieåren på Kungliga Musikhögskolan i Stockholm har gett mig en trygg grund att stå på och orkestern har gett mig möjlighet att vidareutvecklas.

Vid ett genrep med hela orkestern fick jag frågan om en ton i Förklädd gud av en uppmärksam hornist. Under instuderingsarbetet hade jag noga gått igenom alla stämmor och jämfört med mitt eget partitur. Jag upptäckte då ett tryckfel på en ton i valthornsstämman. Så det var med stor glädje jag kunde meddela vilken ton hornisten skulle ändra till!

Inför framförandet av Requiem av Mozart 24–25 oktober 2009 hade jag förmånen att få ta lektioner för min släkting, orkesterdirigenten Herbert Blomstedt. Vi gick igenom hela partituret och diskuterade dirigenttekniska frågor, dynamik, fraseringar, tempon, interpretation och musikalisk gestaltning. Han var verkligen ett stort stöd för mig och uttryckte sin glädje över att en orkester som Bergslagens Kammarsymfoniker finns!

Björn och jag skjutsade honom till Landvetters flygplats och då frågade Herbert mig hur det var att arbeta i Nora kyrka. Han uppmuntrade mig att inför konserten sätta upp en skylt på kyrkporten med ordet *"Gudstjänst"*. Jag tror det var hans sätt att visa att all musik är gudomlig och att vårt arbete med musik är av ett gudomligt värde för våra medmänniskor och oss själva.

Fortsätt med ert gudomliga arbete i Bergslagens Kammarsymfoniker!

Alla ni musiker är värda 50 rosor var i jubileumspresent.

Mina körer och jag ser med glädje fram emot att tillsammans med orkestern, solister och körer få framföra Messias av Händel i Mozarts version under jubileumsåret 2024.

Med de bästa lyckönskningar och gratulationer från

Marie J:son Lindh Nordenmalm

Balders Big Band bjuder upp till dans på Sjövik   Foto © Per-Ola Eneroth

Brasspackning   Foto © Per-Ola Eneroth

Teri Lee Eriksson vid harpan   Foto © Per-Ola Eneroth

Bergslagens Kammarsymfoniker, en stor del av mitt liv

Håkan Forsberg berättar

Håkan Forsberg   Foto © TonAPhoto

Bergslagens kammarsymfoniker, eller Bergslagens kammarorkester som den hette inledningsvis, har betytt mycket för mig och min egen utveckling som människa och musiker. Att hamna i en miljö där alla har ett gemensamt intresse av att spela och skapa tillsammans på en hög nivå var och är oerhört inspirerande.

Under åren 1983–1993 medverkade jag på alla konserter och sommarkurser. Det var fantastiska år och underbara möten med begåvade dirigenter och musiker. Jag har till exempel haft äran att vid ett 40-tal tillfällen genom åren spela under en av mina dirigentförebilder, nämligen Glenn Mossop.

BKS är och har alltid varit en viktig orkester för framtida yrkesmusiker. Jag har under mina år i orkestern spelat tillsammans med många som numera tillhör Sveriges orkesterelit. Att få träffa, lära känna och spela tillsammans med dessa som på den tiden var ungdomar och sedan följa deras utveckling genom livet till platser som solotrumpetare, solooboister med mera i orkestrar som Kungliga filharmonikerna eller Radiosymfonikerna känns väldigt tillfredställande.

Orkestern har varit väldigt viktig för min egen del. Att jag skulle syssla med musik professionellt var inte alls självklart, men blev det mer och mer under och efter åren i BKS. Mitt intresse för orkestermusiken och dess kraft växte sig allt starkare, så jag bestämde mig för att utbilda mig till pedagog med inriktning mot brassinstrumenten. Under studieåren väcktes intresset för ensembleledning och dirigering, och jag påbörjade en utbildning med den inriktningen.

"Hjälp, jag behöver en orkester"

I min klass på SMI, Stockholms Musikpedagogiska Institut, gick en mycket begåvad tjej som spelade oboe, och hon behövde hjälp med ackompanjemang till sin examenskonsert. Eftersom en stor del av BKS-medlemmarna på den tiden bodde i Stockholm så samlade jag och ett par vänner ur orkestern med extremt kort varsel ihop en orkester till detta evenemang, och jag fick chansen att dirigera. När vi ändå lyckades få ihop en orkester, så fick även en av mina begåvade trumpetkollegor chansen att göra sin examenskonsert vid samma tillfälle. Vi kompade solisterna i musik av Ralph Vaughan-Williams och Georg Philipp Telemann, och dessutom framförde vi Wolfgang Amadeus Mozarts symfoni nummer 1, den som han skrev som 8-åring.

Alla medverkande tyckte att det var väldigt roligt, så jag och mina två närmaste kamrater sa att det här måste få en fortsättning. "Vi ska starta en filial till BKS i Stockholm". Kort och gott började vi skrapa ihop musikanter från Stockholms orkesterföreningar. Förutom alla i Stockholm bosatta BKS-medlemmar fick vi också med oss andra begåvade musiker från staden. Vi började lite mjukt med två kammarkonserter 1993, för att sedan den 12 februari 1994 göra vår första konsert med stor orkester i gamla musikaliska akademiens lokaler på Nybrokajen. Vi spelade bland annat Mozarts Sinfonia Concertante och Antonín Dvořáks symfoni nr 9 "Från nya världen".

Det som från början var ett litet "köksbordsprojekt" har genom åren utvecklats till Sveriges största amatörsymfoniorkester med över 200 medlemmar. Orkestern Filialen lever i allra högsta grad vidare och gör ca 10 konserter per år.

Det är helt och hållet BKS förtjänst att den här orkestern överhuvudtaget finns. Genom BKS fick jag chansen att träffa så många människor med samma intresse, vilket gjorde det möjligt att utveckla idéen om skapelsen "Filialen".

Namnet då? Från början kallade vi oss Filialharmonikerna, en ordlek där orkesterns rötter som ett slags Stockholmsfilial till Bergslagens Kammarsymfoniker kombinerades med en smula filharmonisk hybris. Men tanken att en amatörorkester skulle ha det namnet mottogs inte speciellt väl av Kungliga filharmoniska orkestern i Stockholm, så vi bytte namn till orkestern Filialen.

Kamratskap, Balder och kärleken

Under BKS sommarkurser, som på den tiden nästan uteslutande bedrevs i det fantastiska Cassels konserthus i Grängesberg med tillhörande hotell, utvecklades ett enormt kamratskap mellan orkestermedlemmarna. De flesta av oss återkom år efter år, och man hade ständigt en längtan efter sista veckan i juli månad när det äntligen var dags.

Vi i brasset hade ett speciellt förhållande till varandra, och där finns ett kamratskap som hänger i ännu idag. Den speciella ensemble som vi bildade är fortfarande verksam. Balders brass heter den, och namnet kom till en eftermiddag när vi slöade på hotellrummet. En i gänget läste en av våra kvällstidningar och hittade Bernt Lundhs seriestrip *Balders bar*.

Namnet Balder blev snabbt ett begrepp i gänget. På kvällarna hade vi en egen Balders bar som såvitt jag vet fortfarande existerar 35 år senare. I baren spelade vi mässingssextett på kvällarna, så det var ganska naturligt att vi kallade ensemblen Balders brass.

Vintern 1991 var vi på en helgturné och spelade i kyrkorna i Östervåla och Karbenning. Med på den turnén var en ung tjej som spelade viola, och som jag blev förtjust i. Lyckligtvis visade det sig att det var ömsesidigt. Vi började umgås regelbundet och det ena ledde till det andra. Jag och Lotta som hon heter har nu varit lyckligt gifta i över 30 år och har två numera vuxna söner som också har ett stort musikintresse. Den äldste sonen Anton är jazzgitarrist och vokalist. Bland annat har han varit medlem i The Real Group. Hans bror Albin arbetar inom film- och mediabranschen. Han skriver också egen musik, som han lägger ut på Spotify under namnet "Folke".

Om inte Bergslagens Kammarsymfoniker funnits hade mitt liv förmodligen sett helt annorlunda ut idag på alla fronter. Vem vet var jag har hamnat då? Det hade i alla fall inte kunnat bli bättre.

Tack för att jag fått vara med och upplevt all härlig musik, kamratskap och inte minst den bestående kärleken.

Håkan Forsberg

Ur Wilhelm Stenhammars symfoni nr 2 g-moll op 34

Toomas Kapten   Foto © John Björklund

Bastuba   Foto © Per-Ola Eneroth

Två jubileer

Håkan Borg berättar

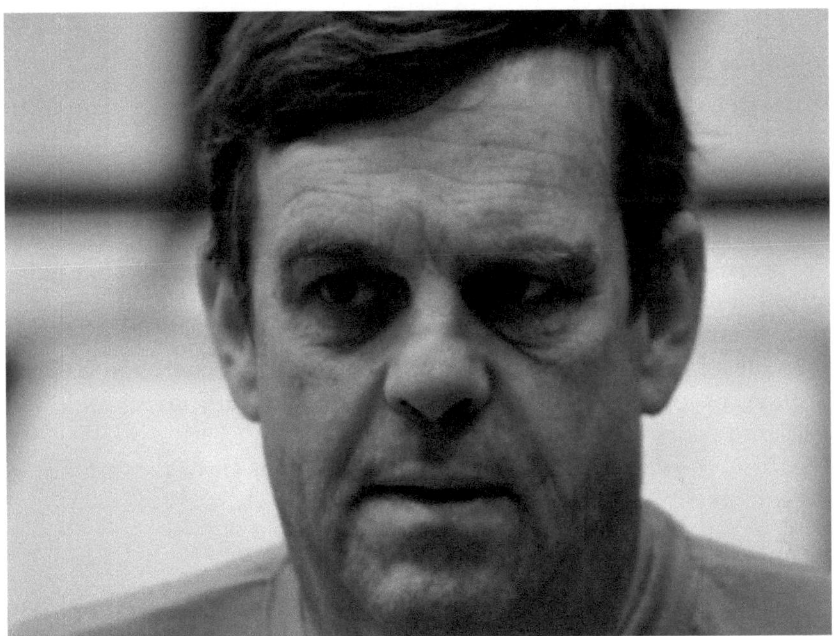

Håkan Borg   Foto © Per-Ola Eneroth

D et är höst 1984, och på gamla "Ackis" på Nybrokajen repeterar
vi Richard Strauss blåsarsymfoni Fröliches Werkstadt. Som
student på KMH (Kungliga Musikhögskolan) har jag fått hoppa
in i ensemblen. På torsdagen säger min klarinettkollega Lars Långström
att de fått sjukdomsfall i Bergslagens kammarorkester. Han undrar om jag
kan hoppa in på orkesterns 10-årsjubileum kommande helg. På program-

met står bland annat uruppförandet av orkesterns beställningsverk Bergslagsuvertyr av Erland von Koch.

Självklart tackar jag ja.

Så började min nu 40-åriga historia med orkestern. Jag blev snart fast klarinettist, och mina klarinettkollegor har växlat med åren. Alltid har jag upplevt samma glädje för symfoniorkestermusik. Minnena har blivit många, och några biter sig förstås fast mer än andra. En höjdpunkt är när vi under Toomas Kaptens ledning spelade Dmitrij Sjostakovitjs 5:e symfoni i Pärnu, Estland och Riga, Lettland.

Namnbyte

Bergslagens kammarorkester, som när vi började spela stora symfonier bytte namn till Bergslagens Kammarsymfoniker, har haft en stor del i mitt musikaliska liv under åren. Att få träffa andra entusiaster, både proffs och amatörer, har givit en stor glädje genom åren och jag missar inte gärna en sommar-kursvecka.

I början var Glenn Mossop något av en husdirigent, men det har blivit många andra genom åren. Stefan Solyom var till exempel med som ung hornist innan han senare tog sig an orkestern som dirigent på en sommarkurs. Juhani Lamminmäki från Finland och Toomas Kapten från Estland är andra namn som varit med flera gånger, vilket varit utvecklande för orkestern.

Många är också de tonsättare som tagit chansen att få skriva för stor symfoniorkester och fått beställningsverk uruppförda.

Språngbräda till proffsorkestrar

En viktig del av orkesterns historia är förstås alla de goda vänner man fått under alla år. Det blir ju en naturlig del av verksamheten när man nästan varje gång har projekt med övernattning, för att nu inte tala om sommarkursen förstås. Många är också de unga musikstudenter som gått genom orkestern och som tagit sig in i den professionella världen. Jag vill gärna tro att de fått lite blodad tand av att vara med här. Några exempel är Erik Jakobsson (Aarhus) Jesper Harrysson (Stockholms filharmoniker), Henrik Wahlgren (Gewandhausorkester Leipzig), Ayman Al Fakir (Hovkapellet) och Stefan Solyom (Toronto), men det finns också många många fler.

Ständig årsmötesordförande

En liten historia kring det praktiska i en förening är att jag ganska snart efter min första sommarkurs blev "ständig årsmötesordförande". Det gick till så att jag vid det första årsmötet jag var med på upptäckte att orkesterns ordinarie ordförande och eldsjäl John Björklund satt mötesordförande. Ganska van föreningsmänniska som jag var tyckte jag inte riktigt om att föreningens ordförande skulle klubba igenom sin egen ansvarsfrihet. Lite försiktigt föreslog jag att man kanske borde ha en mötesordförande som inte suttit med i styrelsen. Jag fick snabbt en kontring av John:

– Då kanske du kan vara mötesordförande?

Jag hade då inget vannat val än att svara:

– Javisst kan jag det.

På den vägen är det. Jag har suttit mötesordförande varje år sedan dess, förutom de tre år då jag av olika skäl inte kunnat vara med på sommarkursen. Nu kommer svaret rungande vid varje årsmöte. Vem föreslås som ordförande för mötet?

Håkan Borg!!

Sommarkurs 2003   Foto privat

Balders brass 2002   -Foto © John Björklund

Utsikt från kyrktornet i Västervåla   Foto © Lena Borgström

Hur BKS satte tonen till mitt liv
som professionell orkestermusiker

Hanna Hajslund Hansen berättar

Hanna Hajslund Hansen

Foto © Johan Theorin

Fiolen var egentligen någonting som var lite jobbigt när jag var i 15-års åldern och växte upp i Kopparberg. Det fanns en del annat att tänka på den gången. Men jag hade redan spelat en del i amatör- och skolorkestrar runt omkring Kopparberg. När eldsjälen och fagottisten John Björklund frågade mig om jag kunde tänka mig att följa med Bergslagens Kammarsymfoniker på det årets sommarkurs, en turné i Baltikum under sommaren 1996, blev jag jätteglad.

Jag hade då redan träffat på John i andra orkestersammanhang, bland annat i BUS, Bergslagens Ungdomssymfoniker, en orkester som John initierat och själv administrerade. Här fick jag spela ihop med ungdomar från hela Mellansverige.

1996 var jag 16 år och helt oprövad i så stora sammanhang. Tillsammans med ett glatt gäng andra musiker av skiftande ålder, bakgrund, kunskap och erfarenhet fick jag vara med om att göra fantastiska konserter i våra grannländer. Vi var ett helt gäng från BUS som var med, så vi kände redan varandra lite och hittade snabbt en gemenskap i detta lite nya sammanhang.

Brant inlärningskurva

Musikaliskt blev det en brant inlärningskurva för mig. Tidigare hade jag spelat komplicerade stycken för violin och även ett och annat orkesterverk i amatör- eller skolensembler. Men jag hade aldrig suttit mitt i en större orkester. Här fick jag vara med om att spela stora verk som Sjostakovitjs femte symfoni, som spelades på denna sommarkurs.

Detta, och den otroligt inbjudande, omhändertagande och hjärtliga atmosfären bland BKS blandade besättning, gjorde mig helt fast. Det var ju DETTA det handlade om! Utmaningar i trygg miljö. Inte utan krav, men tack vare kärleksfullt ambitiöst framställda förväntningar gjorde vi i sann laganda nog mer än många trodde vi skulle klara.

Denna sommarkurs blev, tillsammans med andra orkester-relaterade upplevelser, just då vändningen på min resa i musiken. Jag kunde spela på mitt instrument och hantera det ganska bra, men hittade inte riktigt fullt ut tillfredställelsen i mitt eget övande. Kanske inte ens i fiolmusiken som sådan? Nej, redan där i mina senare tonår stod det nog klart för mig att om det skulle bli fiolen, skulle målet vara att utöva orkester- eller kammarmusik.

Stämledare

Givetvis fortsatte jag att vara med i Bergslagens Kammarsymfoniker. Jag var med om såväl sommarkurser som helgprojekt av olika slag. Det dröjde inte länge förrän jag fick chansen att prova på att vara stämledare (kommer speciellt ihåg en svettig sommarkurs i Skinnskatteberg, där bland annat Carl Nielsens andra symfoni stod på programmet). Det var en ny upplevelse att få hålla i stämrep och skriva stråk samt spela mindre solo-insatser. Detta var ovärderligt för mig i min utveckling som musiker.

Genom spelningarna med BKS kunde jag också få träffa likasinnade musikälskare i alla åldrar från andra ställen. Ovärderligt det också. Många timmars snack i Balders Bar har det blivit och ännu fler timmars nattliga repetitioner med musiker som vägrar ge sig. Någonsin. Ambitionen vet inga gränser, som sig bör.

Denna inställning – inget är omöjligt – har följt mig genom åren. Har man upplevt hur BKS-musiker kämpat individuellt och tillsammans för att värka fram bästa möjliga version av den ofta otroligt älskade musiken som valts, för att sedan ramla ihop i varandras armar hos Balder, känns det som att detta fått en självklar plats i livet.

Blod, svett och tårar

De möten som jag haft med eldsjälar, proffs, amatörer och musik i denna orkester har gett mig något att hålla fast vid och hämta kraft ur, när musikvärlden senare tidvis blev för hård att hantera. När den krävde blod, svett och tårar i mängder, eller när tvivlet var för starkt. Jag hade ju redan upplevt målet. Jag visste ju (utan att egentligen vara medveten om det) vart jag ville komma och hur det kunde kännas.

Det var långt ifrån självklart att fiolen skulle bli min väg. Även efter BKS låg många kriser framför mig och min väg har varit långt ifrån spikrak. Men jag hade ändå upplevt något fantastiskt, och det var ju den världen jag ville vara i. Så jag sökte till Musikkonservatoriet i Falun efter gymnasiet och kom in. Sedan sökte jag vidare till Musikhögskolan och kom in. Så jag lade ner hela min själ i min utbildning. Jag fick underbara och jobbiga upplevelser på vägen. Men musiken och gemenskapen i orkestern strävade jag hela tiden efter. Utan att riktigt veta det själv.

Jag gjorde allt jag kunde. Jag övade oändligt antal timmar och lärde mig otroligt mycket. Fem år senare stod jag där på min examenskonsert, med mitt Masterdiplom.

Jag ville ju spela i orkester. Ville uppleva att vara del i en organism, som i sig är ett enda, stort instrument. Så jag sökte som tutti-musiker till olika orkestrar och provspelade. Jag gav mig själv fem år att kunna hitta till ett sådant ställe. Fem år av satsning mot olika orkestrar, för att leta efter den där flexibla gemenskapen och kärleken till musiken.

Ur Wilhelm Stenhammars symfoni nr 2 g-moll op 34

Från BKS till Malmö Operaorkester

Så hamnade jag i *Malmö Operaorkester* på kontrakt. Denna orkester som med begränsad numerär ändå tar sig an Richard Strauss, storbandsjazz, alla sorts musikaler, Wagner, Mozart och nyskriven repertoar. Och den gör det med samma entusiasm, samma nyfikenhet och laganda som jag tidigare upplevt i BKS.

Nu är jag hemma. Efter två provspelningar fick jag min plats i orkestern, och här har jag nu verkat i 15 år. Nu tar jag mig an alla genrer och utmaningar så gott jag kan, men alltid med ödmjukhet och respekt för musiken och arbetet. Som musiker i orkestern känner jag mig just som en del av en stor, organisk gemenskap. Och detta får jag dessutom uppleva i ett operahus, där orkestern hela tiden berättar historien och är navet i det enorma hjul som varje produktion är! En upplevelse, som är ovärderlig, varken mer eller mindre.

Varmaste TACK till Bergslagens Kammarsymfoniker

Hanna Hajslund Hansen
Malmö Operaorkester

Erik Jakobsson från Ludvika, numera naturaliserad dansk, har många gånger framträtt med BKS, både som solist och dirigent. Här dirigerar han under sommarkursen 2014. Bland annat spelades Stravinskijs Eldfågeln. Foto © Per-Ola Eneroth

BKS - Min symfoniska kulturresa mellan Norge och Sverige sedan 1988

Sverre Holtskog berättar

Sverre Holtskog

Foto © Cecilie Margrethe Norenberg

Bergslagens Kammarsymfoniker fyller 50 år. Det är en stor händelse för en långfärdsorkester, som baserar sin verksamhet på frivillighet och hängivet deltagande. Själv har jag bara varit med de senaste 36 åren och rest mellan Norge och Sverige, men jag ser ändå tillbaka på alla dessa år med stor glädje och tillfredsställelse. BKS har varit, och är fortfarande, en stor och helt essentiell del av min musikaliska och kulturella identitet.

Vem är jag då, hur började detta, varför fortsatte det och vad är mina erfarenheter och förhoppningar för orkestern framöver?

Jag är aktiv amatörcellist och arbetar vanligtvis (när jag nu arbetar) som specialrådgivare inom IT på Oslo universitetssjukhus. Musik har alltid varit en central del av mitt liv, men jag tog tidigt ett aktivt beslut att ha musik som en livsviktig hobby och inte som levebröd. Ett slags motto blev därför: "Det är bättre att leva för musiken, än att måsta leva av musiken".

Redan i tonåren började jag spela i symfoniorkestern Akershus Ungdomssymfoniorkester. Denna projektorkester var ett fantastiskt erbjud-ande till ungdomar som ville utveckla sig musikaliskt. Vi hade övningshelger på skolor runt om i Akershus län med slutkonserter på söndagen och dessutom en stor sommarkurs (!). Detta var ett mycket socialt och trevligt orkesterkoncept som snabbt blev en viktig del av mitt liv. Jag träffar fortfarande "gamla" orkesterkollegor från denna period i min ungdom. Några blev professionella musiker, några slutade med aktiv musik och andra fortsatte som jag med musiken som en central livshobby.

Efter tonåren prioriterades orkesteraktiviteten ner lite och universitets-studierna började. År 1987 återupptog jag dock cellospel i Studenter-orkesteret (nu: Universitetets symfoniorkester i Oslo). I den orkestern fanns en altfiolist från Ludvika, Maria Friberg, som bjöd in mig till BKS-sommarkursen 1988. Det var mitt första möte med BKS, där sommar-kursen hölls i Grängesberg på Cassels Donation.

På slingriga vägar till Grängesberg
När jag ser tillbaka på detta, var det nog inte helt riskfritt att resa ensam i bil till sommarkursen. Man svängde av E18 vid Karlstad och körde på dåliga vägar (även grusvägar) in i "dom djupa skogarna" i Dalarna. Någon mobiltelefon eller GPS hade jag inte, endast en vägkarta från en bensin-station i Årjäng. Det gick som det gick. I Grängesberg tog jag fel väg i en korsning och hamnade mitt ute i skogen långt från målet, innan jag änt-ligen kom fram till Cassels donation och Brukshotellet i Grängesberg.

Det här mötet med BKS blev en fantastisk sommarkurs med bland annat Sjostakovitjs 9:e symfoni och Rachmaninovs 2:a pianokonsert. Cassels Donation var verkligen som att komma till Royal Albert Hall mitt i de svenska skogarna. För mig blev det en återupplevelse och vitalisering av den sociala och musikaliska ungdomstiden i Akershus Ungdoms-symfoniorkester, något jag trodde jag förlorat för alltid.

Resultatet av den här upplevelsen var att jag började delta i BKS-spelningar under helgerna (spelgalenskap är farliga saker), medan sommarkurser och turnéer fick vika för studier och familjehänsyn (och brist på bil). Efterhand följde fler musiker från Universitetets symfoniorkester med på dessa musikaliska äventyr till Sverige. Totalt är det nog närmare 10 olika musiker från Universitetets symfoniorkester som har deltagit i framträdanden med BKS.

År 1992 återupptog jag deltagandet i BKS-sommarkurserna, och sedan dess har jag deltagit i sommarkurser och helgprojekt så mycket jag har haft möjlighet till utan att göra våld på mig själv, min familj och min arbetssituation.

Ibland har det ändå varit "lite för mycket". Jag kan till exempel nämna en gång när vi gav konsert i Östervåla utanför Uppsala. Efter konserten måste vi besöka Peter Westerlunds violinateljé för att studera några altfioler innan man skulle fortsätta hemåt. Timmarna gick, både där och på vägen hem (det var på tidigt 90-tal innan E18 mellan Norge och Sverige uppgraderades). Dessutom måste jag köra de andra deltagarna hem till sina respektive bostäder. Klockan 04:30 var jag äntligen i säng och kunde sova i 2,5 timmar innan jag skulle tillbaka på jobbet ...

En annan utmaning under de tidiga BKS-resorna kunde vara att hitta någon dygnetruntöppen mack när tanken nästan var tom och klockan var över midnatt. Detta är lyckligtvis bara ett minne i dag, men jag har upplevt att köra genom Örebro med nästan nervkittlande tom tank på jakt efter den enda dygnetruntöppna bensinstationen.

BKS en unik kombination av musikalisk, social och kollegial gemenskap
Varför har jag då fortsatt alla dessa år med BKS? Jag har ju "min egen" orkester, samt Orkesterkollektivet, en annan projektorkester i Oslo. Dessutom hjälper jag ju till i andra orkestrar i Oslo-området när de saknar cellister till sina konserter.

Svaret är nog att för mig är BKS en unik kombination av musikalisk, social och kollegial gemenskap med likasinnade. Det är en mycket inkluderande miljö som jag upplever som mycket värdefull. Den skapar ett socialt nätverk och vänskap som man har stor glädje av även i andra sammanhang, som exempelvis grabbseglingar i Stockholms skärgård.

I BKS spelas det stor musik där vi har mycket skickliga dirigenter och fantastiska solister. Det är en lyckad kombination av kontinuitet samtidigt som nya musiker kommer med i orkestern. Fortfarande spelar några av de musiker jag lärde känna redan 1988 tillsammans med mig i BKS.

Sälla cellister   Foto © Krister Persson

”Kulturell flykting” i Sverige

En annan anledning till att jag fortsätter att spela i BKS är att jag trivs bra i Sverige. Jag brukar kalla mig själv för en "kulturell flykting" när jag kommer till Sverige. Det är för att jag upplever att den musikaliska kulturen har bättre förutsättningar och förankring i Sverige än i Norge. Detta är naturligtvis sant med viss modifikation - saker förändras och det går upp och ner även i Sverige. Ändå är det för mig en klar upplevelse av större kulturellt intresse i Sverige än i Norge för den här typen av musik- och orkesterverksamhet.

Vi har spelat otaliga konserter runt om i Sverige, och jag blir ständigt förvånad över vilka fina konsertlokaler/kyrkor ni har, hur mycket publik man får oavsett hur långt ute på landet man är och vilken glädje publiken uttrycker i sina återkopplingar efter konserterna. Detta är mycket inspirerande för mig som ofta upplever en helt annan situation hemma i Oslo i detta avseende. På så sätt kan man säga att jag nog har blivit en procentandel svensk i kropp och själ genom alla de 36 åren.

66

Utmaningar för framtiden

Vad är då mina förhoppningar för BKS framöver? 50 år är ju egentligen ingen ålder. Universitetets Symfoniorkester i Oslo är 137 år gammal och har sitt ursprung från studentmiljön på 1830-talet. BKS är ändå en lite sårbar orkester, eftersom vi samlas från när och fjärran på oregelbunden basis och är beroende av speluppdrag. Det här har alltid varit en utmaning under den tid jag har deltagit i orkestern. Utan uppdrag är det svårt att upprätthålla BKS. Som "långfärdsorkester" har man också utmaningar med logistik och kostnader.

På 90-talet bildades orkestern Filialen, en filial av BKS i Stockholm, baserad på BKS-musiker från Stockholm som ville skapa en liknande orkesterupplevelse där de gånger man inte var med i BKS. Den orkestern har lyckats överleva och växa genom åren till en stor och väletablerad amatörorkester i Stockholm.

Kanske måste man överväga något liknande för BKS och etablera en starkare koppling till en stad längs E18 och samarbeta med kulturkrafter där för att säkerställa en fortsatt stabil existens. Man skulle kanske kunna tänka sig Karlskoga, Örebro eller Västerås som en organisatorisk bas. Utmaningen här blir i så fall att man kan förlora förankringen i Bergslagen, Ludvika och Grängesberg med Cassels Donation.

Under de senaste åren har styrelsen i BKS påbörjat ett stort och viktigt arbete för att möta dessa utmaningar och arbetar för att BKS fortsatt ska kunna existera. Jag hoppas och tror att de är i stånd att göra de rätta valen så BKS ska leva vidare som den viktiga kulturinstitution den faktiskt är.

50 år är ingen ålder, 36 år är inte det heller för min del - men jag kommer nog inte att delta i BKS i ytterligare 36 år (i så fall skulle jag vara 95 år). BKS har däremot alla förutsättningar att leva i 50 år till. När min tid i BKS är slut kommer jag att se tillbaka på den här tiden med stor glädje och tacka för musikaliska upplevelser och allt annat jag har varit med om.

Jag avslutar därför med att säga: Gratulerer med de første 50 årene, og lykke til med neste 50 år, Bergslagens Kammarsymfoniker!

Med tacksamhet och glädje, *Sverre Holtskog*

BERGSLAGENS KAMMARSYMFONIKER

Bergslagens kammarsymfoniker bildades i Lindesberg 1974 och har blivit Bergslagens resande långfärdsorkester där fritidsmusiker, musiklärare, studerande och professionella möts och ger konserter i Mellansverige. Orkestern gav senaste året 35 konserter, ensemblerna inräknade. Konserter har under året också getts i Danmark och Finland.

Bergslagssymfonikerna arrangerar varje år tillsammans med Sveriges orkesterförbund en sommarkurs, där alla åldrar är välkomna. Denna konsertvecka samlar en orkester med runt 65 deltagare. Med Cassels konserthus i Grängesberg som utgångspunkt ges ett dussin framträdanden på olika platser i närområdet. Balders brass, serenadensemblen, BBQ med Ove, Poulenc-sextetten och andra grupper ger egna konserter. Tillfälle ges för deltagarna att också spela och framträda med kammarmusik eller som solister. Årets kurs har pianisten Pelle Östlund med som ackompanjatör. På repertoaren under årets konsertvecka 12-19 juli står bl a Poulencs sextett.

Allt större vikt har senare år lagts vid att framföra nyskriven musik. "Årets tonsättare" Micaela Hoppe har komponerat "Hav" för symfoniorkestern, "Kiev" för stråkarna och slutligen brasskvintetten "Natt i staden" som alla får sina uruppföranden på olika platser under veckan. Rolf Berger har skrivit ett lättsamt verk "På väg till festplatsen" för träblåsare, horn och slagverk.

Den avslutande festkonserten i Cassels på lördagen inleds med samling i parken med en aptitretare. Balders brass, som i år leds av norrmannen Martin Torp. De stora orkesterverken och stråkorkestern leds av Toomas Kapten, där Ludvikas egen Eva-Helena Morén är konsertmästare och violinsolist. Träblåsets ledare är sedan flera år Geoffrey Cox, annars solooboist på Göteborgsoperan.

Välkomna till kurs- och konsertveckan i Cassels!
John Björklund, ordförande

Hemsida: www.kammarsymfoniker.se
Kontakt: bjorklund.john@telia.com

Orkestern repeterar i under veckan i Cassels. Besök gärna repetitionerna på förmiddagar och eftermiddagar.

TOOMAS KAPTEN – DIRIGENT
är en av orkesterns mest anlitade dirigenter sedan turnén till Estland för mer än 10 år sedan. Han undervisar i dirigering vid Musikhögskolan i Tallinn.

EVA-HELENA MORÉN – KONSERTMÄSTARE OCH VIOLINSOLIST
spelar huvudrollen som solist i Rimskij-Korsakovs tonmålning "Scheherazade" med innehållet hämtat ur "Tusen och en natt".

MICAELA HOPPE – ÅRETS TONSÄTTARE
skrev till förra sommarkursen kvintetten "Dagg och regn" som blev huvudnumret vid det program Bergslagens blåsarkvintett, BBQ med Ove Holberg, fick beröm för på tonsättarfestivalen i Danmark i november. Micaela skriver en lättlyssnad och

intresseväckande musik av hög kvalitet. Med förväntan ser orkestern och ensemblerna fram emot sommarens beställningsverk "Hav" för stor orkester, "Natt i staden" för blåsarkvintett med slagverk och "Kiev" för stråkorkester. Micaela är också orkesterns ledare i hornsektionen. Till vardags är Micaela socialsekreterare i Värmland.

ROLF BERGER – TONSÄTTARE
visade redan för två år sedan prov på sin förmåga att komponera och återkommer i år med beställningsverket "Ett besök på nöjesfältet" för serenadensemble inklusive flaskor och slagverk. Till vardags är Rolf kemiprofessor i Uppsala.

MARTIN TORP – BRASSLEDARE
kommer från Oslo. Är dirigentutbildad vid Musikhögskolan i Stockholm. Har stor erfarenhet av "Musikcorps" och även att leda orkester. Martin leder bl a Balders brass och är instruktör för främst brasset under konsertveckan.

GEOFFREY COX – OBOE
leder hela träblåset och serenadensemblen.

PER ÖSTLUND – PIANO
återkommer som pianist i Poulencs sextett och som extra resurs och ackompanjatör för alla under veckan.

Samlingsaffisch för orkesterveckan 2008

Tomas Sahlberg, i många år ordförande för Bergslagens Kammarsymfoniker, vid fagotten
Foto © Per-Ola Eneroth

Min första sommarkurs[1]

Gustaf Berglund berättar

Vi skriver juli månad 2001. Det avsomnade gruvsamhället Grängesberg i södra Dalarna lever upp, då Bergslagens Kammarsymfoniker håller sin årliga sommarkurs i Cassels konserthus. Här övas det flitigt från morgon till sen kväll.

– Bergslagens Kammarsymfoniker bildades 1974 av en entusiastisk apotekare och flöjtist i Lindesberg, berättar John Björklund, ordförande i orkestern, fagottist och till vardags rektor för Kulturskolan i Fagersta. Från början var det en ren kammarorkester med stråkar och flöjter, med huvudsakligen Mozart på repertoaren, men så småningom har besättningen utökats till full symfoniorkester. De flesta i orkestern är amatörer eller musiklärare, men vi har också professionella musiker som är med, till exempel Geoffrey Cox som annars spelar oboe i Svenska Kammarorkestern i Örebro[2].

Orkestern arbetar i projektform. Man samlas en helg några gånger per termin och gör då ett konsertprogram. Varje sommar har orkestern en kursvecka, oftast förlagd till Grängesberg. Under veckan repeteras det intensivt, och orkestern gör också flera konserter, med lördagens Grande Finale i Cassels konserthus som den stora höjdpunkten.

Kan den tonen finnas på en altfiol??

Själv känner jag det som att jag rejält tagit mig vatten över huvudet, där jag sitter i altfiolstämman på den första repetitionen. Hjälp, ska det verkligen gå så här fort? Här blir det fem b-förtecken plötsligt, vad kan det bli, b-moll – hur går den skalan?

En helnot på ett hjälpstreck under notsystemet. FINNS verkligen den där tonen på en altfiol?? Men min pultkamrat, Ole Nehm från Tranås, hjälper mig tillrätta.

– Det är ett h, men med korsförtecknet blir det ett hiss, förklarar han när vi har stämrep nästa morgon. Du tar det på lös c-sträng.

---

[1] En tidigare version av den här texten publicerades som reportage i Hudiksvalls Tidning 2001.
[2] Numera i Göteborgsoperans orkester.

Ole Nehm är för mig en gammal bekanting från spelmansstämmorna i Småland tidigt på 80-talet. Nu sätter vi oss efter kvällsfikat och provar om det går att spela låtar på två altfioler.

Låtspel i Hörkens kyrka med Gustaf Berglund och Ole Nehm.   Foto privat

Kometkarriär som dirigent – Stefan Solyom intervjuad
22-årige Stefan Solyom håller på att göra en kometkarriär. Tre år efter debutkonserten med Stockholms Sinfonietta och med nyss klar dirigent-examen från Sibeliusakademien i Helsingfors har han kalendern full-tecknad fram till augusti 2003. Till bokningarna hör att göra Barberaren i Sevilla och Läderlappen på Berlinoperan. Men det var inte självklart att karriären skulle få den starten.

– Efter musikklasserna på Södra Latin och Adolf Fredrik började jag på Musikhögskolan i Stockholm, berättar Stefan Solyom. Jag gick samtidigt både dirigent- och hornistutbildningen. Men det var för splittrande att bo kvar i Stockholm, för många kompisar och alldeles för mycket annat roligt att ägna sig åt. Så jag bestämde mig för att hoppa av. Jag hade ju sökt och kommit in på Sibeliusakademien redan året innan, men tackat nej, när jag

71

också kom in i Stockholm. Så jag ringde dit och frågade om jag fick söka igen. "Det behöver du inte, du kom ju in i fjol", blev svaret. Och det har blivit en lyckträff för mig.

Parallellt med studierna på Sibeliusakademien har Stefan Solyom hela tiden kunnat arbeta, både som dirigent och hornist. Bland de mer spännande uppdragen har varit att uruppföra Sven David Sandströms första symfoni i Norrköping häromåret.

Stefan Solyom ringde själv och bad att få dirigera Bergslagens kammarsymfoniker.

– Jag känner redan många i orkestern sedan förut, eftersom jag varit med här och spelat horn tidigare, säger Stefan Solyom. Men framför allt är det en utmaning att möta en sådan här orkester, där sammansättningen varierar från gång till gång. Man vet aldrig riktigt vad orkestern går för, vad den klarar. Det blir mer förutsägbart när man jobbar med en fast ensemble.

Många dirigenter tycker det är besvärligt att arbeta med en ensemble där man själv varit medlem – man känner musikerna för väl och vågar inte ställa tillräckligt höga krav. Men inte Stefan Solyom.

– Jag markerar distans genom sådana ritualer som att ta konsertmästaren i hand innan vi börjar, och genom att jag nästan aldrig nämner musikerna vid namn. Jag säger "andra fagott" eller "tredje horn" i stället för deras namn, även om vi kanske känner varandra sedan tio år tillbaka. Det får aldrig råda någon tveksamhet om vem det är som bestämmer.

Poetiska metaforer

Stefan Solyom har rikt varierade metaforer för att ratta in orkestermusikerna på rätt våglängd. Ibland blir det rena poesin.

– Här vid siffran 14 ska det vara som om ni tänker er en tjej som sitter bredvid dansgolvet och aldrig får dansa, vad säger man, en panelhöna? säger Stefan Solyom, när vi övar Stenhammarsymfonin. – Men så, vid siffran 16, då blir hon uppbjuden! Och då ska det höras i hela orkestern!

– Adagio religioso står det som tempobeteckning till den här långsamma satsen i Bartók, påpekar Stefan Solyom. – Men vilken religion?

Så småningom enas vi om att det är buddhism, och att hela satsen utspelas i en djungel på Bali, med massor av tropiska fåglar. – Tänk er inte att ni spelar det här, utan att ni upplever det, säger Solyom.

Pelle Östlund vid flygeln   Foto © John Björklund

– Här ska ni spela så svagt, att ni inte hör er själva, förklarar Stefan Solyom när det står pppp i noterna till Kristina Forsmans "Ninata". Pianissimo pianissimo. – Hör ni vad ni spelar, spelar ni för starkt.

– Det här kan vi lura folk med, säger Stefan Solyom när han börjar bli nöjd med sista satsen i Chatjaturjan.

Extranummer inför närmast fullsatt salong

Lördag kväll. Nu finns ingen återvändo. Vi sitter på podiet som vi gjort hela veckan, men nu i sommarkostymer respektive eleganta klänningar. Och salongen i Cassels konserthus, där det ryms 450 åskådare, är närmast fullsatt.

Vi börjar med Aram Chatjaturjans femsatsiga *"Masquerade"*, med den smäktande valsen och den svindlande snabba galoppen. Nu sitter det mesta säkert, och Stefan Solyom får med oss på nästan vad som helst.

Efter en kort paus, där vi får in mera slagverk på scenen, är det dags för uruppförandet av Kristina Forsmans "Ninata". Fem rytmiska takter från slagverk och brass, innan vi stråkar kommer in. Och det märkliga sker: vad som hela veckan varit ett virrvarr av rytmer, toner och intervaller, avbrutet av långa pausers takträkning (i blandad taktart), vävs samman till en helhet – en spegling av människolivets alla faser, från födelseögonblicket till den sista knappt hörbara utandningen.

Snabb ommöblering inför Bela Bartóks tredje pianokonsert, med Per Östlund som solist. Här händer det mycket i solostämman, vilket är tur, för det är inte lätt att hänga med i det höga tempot i finalsatsen. Men vilket ös! Östlund hamrar obarmhärtigt på klaviaturen, och vi rusar framåt i kvällen med hur många förtecken som helst fladdrande kring vaderna.

Och så den stora utmaningen: Wilhelm Stenhammars andra symfoni i g-moll, rytmisk, dramatisk, lyrisk, väldig, och med en manisk dubbelfuga i sista satsen. Första satsen går bättre än någonsin under veckan, varenda insats sitter med önskvärd precision. Men – i andra satsens långsamma inledning schabblar vi altfioler i vårt solo, som vi aldrig gjort tidigare. Solyom ser för ett ögonblick förvirrad ut inför de olika alternativ vi plötsligt erbjuder, men bestämmer sig snabbt för det mest sannolika. Ingen av oss fattar riktigt vad som hänt, men missen känns en bra bit in i scherzot också. Men trots en lite väl hög felprocent lyckas vi sy ihop dubbelfugan, och slutackorden är mäktiga.

Vi får så mycket applåder, att vi till och med får ta Chatjaturjans
"Galopp" en gång till, som extranummer. Det känns rätt härligt att vara
symfoniker.

2023 års violastämma efter väl utfört arbete under sommarkurs och festkonsert i Cassels. Från vänster
Gustaf Berglund, John Jones, Helen Ekberg, Niklas Karlsson, Kristina Andelid och Titti Norberg.
Foto privat.

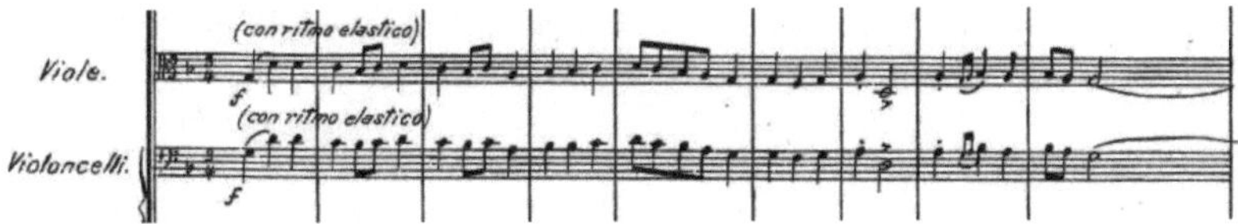

Ur Wilhelm Stenhammars symfoni nr 2 g-moll op 34

Geoffrey Cox leder Serenadensemblen   Foto © John Björklund

2011 stod Gustav Mahlers 5:e symfoni, med det överjordiskt vackra adagiettot, på programmet för sommarkursen. Dirigerade gjorde Merete Ellegaard, som så sent som i början av juni blev tillfrågad om att hoppa in i stället för Marit Strindlund, som blivit sjuk.

Merete stod precis och packade väskorna för en USA-resa med familjen. Men att få dirigera Mahlers femma – det kunde hon helt enkelt inte tacka nej till. Partituret fick följa med i packningen, och om Merete hann med något mer än instudering av symfonin under resan är tveksamt.

Generalrepetitionen på fredagskvällen, i Rättviks kyrkas stenhårda akustik, går till historien. De främsta pulterna i fiolstämmorna satt uppflugna på byggskivor som lagts över kyrkbänkarna. Mellan repetition och konsert åkte en cellist till det lokala apoteket och köpte upp hela lagret av öronproppar. Vi klarade både symfonin och hörseln, och lördagens konsert i Cassels blev riktigt lyckad.

Bergslagens Kammarsymfonikers betydelse för mig som musiklärare

Eva Karsvik berättar

Eva Karsvik

Foto © Gustav Köllerström

Musiken var självklar i mitt föräldrahem. Frågan som ställdes var snarare vilket instrument jag ville lära mig, än om jag överhuvudtaget ville spela. Min mamma hade spelat flera instrument under sin uppväxt, och min morfar var en skicklig amatörpianist, mycket omtyckt som ackompanjatör. Valet föll på flöjt. När morfar kom på besök hos oss satte han sig vid pianot, spelade lite själv och sa sen "Vad har du för flöjtläxa? Kom så spelar vi!"

Jag tyckte mycket om mina lärare i musikskolan, jag hade roligt i orkestern och ensemblerna och vi spelkompisar hade trevligt på bussen hem efter övningarna.

Någon gång på högstadiet hörde jag min egen lärare spela. Hon spelade tillsammans med en pianist i en hotellbar nära där vi bodde, och pappa och jag gick dit och lyssnade. Vi gick ganska ofta på konsert, oftast på konserter med Filharmonin i Stockholm. Men detta var något annat, och det var så roligt att få höra min lärare spela på riktigt.

När jag var 14 år bestämde jag mig för att stanna i musikskolans värld och bli flöjtpedagog. Vägen dit gick via Södra Latins musiklinje i Stockholm, Framnäs folkhögskola och slutligen musikhögskolan i Piteå.

Sommaren 1998 var jag färdig med min examen från musikhögskolan och började arbeta på Fagersta Kulturskola, där chefen hette John Björklund. Han talade varmt om Bergslagens Kammarsymfoniker (BKS), en orkester som jag redan hade hört talas om på musikhögskolan. En av mina lärare hade sagt att det var en mycket bra orkester.

Fullt i flöjtstämman

John sa emellertid beklagande att det inte fanns någon flöjtplats ledig. I en symfoniorkester finns inte plats för mer än två eller tre flöjtister, och det är oftast många fler som vill vara med. Som John beskrev orkestern förstod jag snabbt att detta var en orkester jag ville vara med i. Och så småningom dök möjligheten upp.

Första gången jag var med i orkestern var till "Sjung in Advent" i Västanfors kyrka, en tillställning under ledning av min kollega på kulturskolan, Olle Långström. Jag sjöng i en av Olles körer och skulle egentligen ha varit med och sjungit, men så behövdes en extra flöjt. Därmed fick jag in en fot i orkestern!

Ur Wilhelm Stenhammars symfoni nr 2 g-moll op 34

Olle Långström vid orgeln   Foto © John Björklund

Konserten var en mirakulös tillställning. Många av orkesterns medlemmar har långt senare pratat om Olle Långströms adventskonserter och önskat att få göra dem igen. Vi spelade underfundiga arr, till exempel "Gå, Sion, din konung att möta" arrangerad som en marsch, med marschkomp i slagverket och glissandi hos trombonerna. Till detta stor kör och fullsatt kyrka. Stämningen var på topp i orkestern.

Sommarkurs med Toomas Kapten och Tjajkovskij

Sommaren 2002 var jag på min första sommarkurs med orkestern. Vi tillbringade veckan i Grängesberg och repeterade i Cassels, ett imponerade konserthus som man verkligen inte förväntar sig i lilla Grängesberg. Det var en minnesvärd vecka under Toomas Kaptens ledning, då vi bland annat spelade Tjajkovskijs femte symfoni.

Det var lätt att känna sig hemma i orkestern; god stämning och mycket trevligheter vid sidan av musicerandet. Vi som var nya i orkestern blev mycket väl mottagna, och jag ville självklart komma tillbaka och spela fler gånger. Vi har många gånger jämfört sommarkurserna med musikskolans sommarläger – mycket musik, mycket trevligheter på vandrarhemmet och i bussen mellan olika konsertorter och för lite sömn. Det var väldigt roligt att få spela på lite högre nivå än i vardagens undervisning, att få öva intensivt på egen hand inför veckan eller helgen och sedan musicera tillsammans. Det är också otroligt roligt att jobba med så duktiga dirigenter och solister som orkestern har. Vi träblåsare hade dessutom förmånen att ha oboisten Geoffrey Cox, solooboist vid Göteborgsoperan, som stämledare. Det är väldigt värdefullt att få spela under ledning av en så rutinerad och skicklig musiker.

Betald fortbildning

Att åka och spela på sommarkurserna med BKS kostar en slant. John Björklund, dåvarande ordförande i föreningen, var väldigt intresserad av att "hans" lärare skulle vara med i orkestern, så jag hade ett önskeläge. Lite varierande från år till år så fick jag generösa bidrag för att åka på sommarkursen. Ibland fick jag rent av hela kursavgiften betald, då John såg det som fin fortbildning.

Tyvärr har Sveriges skolor och kulturskolor väldigt lite pengar avsatta i budget för fortbildning och kompetensutveckling. Oftast får vi någon enkel generell föreläsning som inte kostar så mycket per person och inte heller är varken så intressant eller relevant. Så här i efterhand vet jag att detta, att få sommarkursen helt eller delvis betald, inte bara var en fin förmån för mig som anställd, utan också en mycket lönsam investering för min arbetsgivare!

Så fort John Björklund gick i pension var det slut på de bidragen. Men jag tror att om musik- och kulturskolor hade haft större budget för just fortbildning, så hade nog fler chefer sett en orkesterkurs som en bra investering.

Sommarkursen följdes av helgspelningar runt om i Mellansverige: Västerås, Köping, Ludvika, Karlstad, Linköping. Inför de här helgerna hade vi var och en på sitt håll övat in våra stämmor. Det är ett suveränt sätt att hålla igång övandet och musicerandet, när fokus i vardagen ligger på att undervisa och inte så mycket på att spela själv.

Musiklärarkollegor

Att det är så många musiklärare med i orkestern gör också att det oftast finns någon att diskutera pedagogiska frågor med. Om man som jag arbetar på en mindre kulturskola så är man ensam lärare på sitt instrument. Kanske har man kontakt med läraren i grannkommunen, men ju fler andra pedagoger man kan diskutera med, desto bättre är det förstås.

På senare år har mina nätverk vuxit genom Facebook och Teams, faktiskt en bra bieffekt av Covid-pandemin. Men när jag började spela i Bergslagens Kammarsymfoniker hade jag inte de kanalerna. Då var mina flöjtkollegor där väldigt viktiga.

Det faktum att så många yrkeskategorier finns representerade i orkestern är också en tillgång. Det inspirerar till att lära upp, inte bara musiker och musiklärare, utan även goda amatörmusiker som kan ta plats i det lokala musiklivet runt om i Sverige, när de senare i livet ska etablera sig i yrkeslivet.

När vi har haft konserter med Bergslagens Kammarsymfoniker i Fagersta har jag dragit mig till minnes hur stort det var när jag som tonåring fick höra min lärare spela i hotellbaren. Självklart har jag då tipsat eleverna, i hopp om att de ska komma och uppleva något större än det vi gör till vardags. Förhoppningsvis har jag kunnat förmedla glädjen i att spela tillsammans med andra och inspirera mina elever till att göra detsamma.

Att det finns orkestrar på lagom svårighetsnivå att skola in unga musiker i är jätteviktigt för Sveriges musikliv, och där har vi musiklärare en viktig uppgift.

När jag började arbeta i Fagersta fanns BUS, Bergslagens ungdomssymfoniorkester. Detta var en fin ungdomsorkester för musik- och kulturskole-elever och lite äldre ungdomar i Västmanland och Bergslagen, en orkester för unga människor som ville spela i symfoniorkester men ännu inte var riktigt mogna för den vuxna orkestern. En gång satt jag själv med som förstärkning i cellostämman, men innan jag själv hann skicka egna elever för att vara med så lades den ner. När och varför vet jag inte men det var synd för jag tror att den orkestern var en bra väg in i orkesterspel för många ungdomar.

Konsertupplevelser följer med in i musiklärarens vardag
Även om mina elever på måndagarna efter konserter med BKS ibland har haft en trött lärare, så har de fått en lärare med nya idéer, nya kontakter, nya erfarenheter och kanske en och annan rolig historia på lager. Att ha varit borta en hel helg och gjort stor musik, det får i alla fall mig på särdeles gott humör. Man är kvar i orkesterns glada stämning, kvar i musiken, kvar i solistens klang. Den känslan vill man ju så gärna förmedla till eleverna!

Slingorna och stämningarna i Brahms Ein Deutsches Requiem eller Sjostakovitjs cellokonsert följer med in i vardagen. De känslorna får mig att se bortom Blinka lilla stjärna och Björnen sover och se vart det hela kan leda. Och jag hoppas att eleven jag just träffar också får nå dit, att han eller hon också får ta del av dessa underbara tillfällen. Musik är livet!

Och en helg med Bergslagens Kammarsymfoniker kan verkligen vara alldeles fantastisk!

Eva Karsvik

Ur Johannes Brahms, Ein Deutsches Requiem, sats 2, flöjtstämman

Arpeggio – eller rentav arpeggissimo?   Foto © Per-Ola Eneroth

Slagverkslogistik i en långfärdsorkester

Niklas Vikersjö berättar

Aldrig hade jag trott att livet skulle innehålla så mycket kånkande och roddande. Ska man klara av det måste man älska det man håller på med!

Niklas Vikersjö

Foto privat

Först vill jag berätta lite om mig själv. Jag arbetar som slagverkslärare i Västerbergslagens Kulturskola i Ludvika och var under 25 år aktiv i Bergslagens Kammarsymfoniker. Jag var då med på alla sommarkurser utom två.

Som ung Smedjebacksbo kom jag tidigt i kontakt med spännande "köksutrustning", som vi säger på slagverksspråk. Redan som 4-åring hade jag visat intresse för att slå på olika degbunkar och annat som jag hittade i köket, och drömmen var att få spela trummor. Som alla andra under 70-talet fick jag börja med blockflöjt i kommunala musikskolan.

Min mor var lärare i grundskolan, åk 3, och hade musikläraren, Kjell K Fredriksson, som kompanjonlärare i musik. Kjell var även nyanställd slagverkslärare, och min mor ordnade så att jag fick träffa honom. Jag minns fortfarande hur vi gick ned i skolans källare, och där stod en trumma på ett stativ. Det blev kärlek vid första ögonkastet! Kjell såg till så att jag fick avsluta min blockflöjtskarriär efter första terminens tutande. Han såg redan då något i mig, vilket jag är oerhört tacksam över idag.

1976 tog Kjell med mig till den s k Salongsorkestern i Smedjebackens Folkets Hus. Uppdraget var att spela triangel, och där och då kom jag i kontakt med äldre musikanter. Jag kände spänningen i kroppen: det gällde att räkna rätt inför kommande insats. Där startade mitt intresse för att spela slagverk i orkester.

Musikkårens lille trumslagarpojke

Kjell visste att jag kände till Ludvika Musikkår och längtade efter att en dag få komma med i gänget. 1980 blev jag som 12-åring medlem, och då kom jag i kontakt med många olika spännande instrument. Kåren hade genom åren samlat på sig en del slagverk och Kjell spelade främst malletinstrumenten xylofon och klockspel. Ryktet om den lille trumslagar-pojken spreds i Ludvika och inte minst i media. Jag var Musikkårens lille "Benjamin".

Kort därefter blev jag även medlem i Ludvikas Orkesterförening. De repeterade på Ludvikas teaterscen Aveny i Folkets Hus. Orkestern ägde ett par gamla timpani (orkesterpukor) med vev. Så jag fick tidigt lära mig att stämma utan pedalhjälp och tonindikation monterade på sidorna. Pukorna förvarades förstås i en källarlokal dit vi alltid måste bära tillbaka dem efter repets slut. Nedför en trapp och genom en lång korridor som aldrig ville ta slut …

Framför mig i orkestern satt en man med ett långt träinstrument, en fagott. Han började alltid med att inövat lägga instrumentets långa rem på sin stol, sedan satte han sig så att remmen höll instrumentet åt honom med hjälp av rumpan. Det var John Björklund.

Sommarkurs med Glenn Mossop och Käbi Laretei

Sommaren 1984 blev jag uppringd av John. Han berättade om Bergslagens Kammarsymfoniker och deras sommarkurser i Grängesberg, i en vacker byggnad kallad Cassels. De saknade slagverkare till årets kurs. En musikstuderande slagverkare hade tackat nej, och John trodde att jag skulle klara av att spela med orkestern, med tanke på vad han hört av mig tidigare. En fin egenskap hos John var att han trodde på oss ungdomar!

Enligt John handlade det om att spela orkesterpukor i Robert Schumanns pianokonsert i a-moll. Solist Käbi Laretei. Lite nervös lade jag på den grå kobraluren och sprang upp till föräldrarna. – Pappa! Har du någon LP-skiva med Schumanns pianokonsert?

En månad senare satt jag i sommarstugan med ett stort kuvert med noter på bordet, och bredvid mig låg en lånad LP från Ludvika bibliotek. Det var väldigt nervöst när jag klev in i Cassels för första gången. Inte mindre nervöst blev det när John presenterade mig för hela stora orkestern. Repet var igång …

Framme på dirigentpodiet stod en mycket engagerad och intensiv man. Det var Glenn Mossop. Vid flygeln satt Käbi Laretei. Efter en stunds repeterande slog Glenn av orkestern. Jag hade missat ett antal insatser… Försvarade mig på klockrent dalmål. – Ja kan den andra satsen MYCKET bättre! Sekunden senare utbröt ett stort gapskratt i orkestern. Glenn gav mig en vänlig blick och tyckte jag skulle kolla mer framåt, minns jag.

Året därpå bodde jag kvar i Grängesberg under kursveckan. Nedanför Brukshotellet, där orkestern fick sina måltider bodde vi i en byggnad kallad annexet. I bottenvåningen fanns en bastu där främst blåsarna samlades efter dagens rep-pass. Där föddes även idén till populära "Balders Bar".

Namnet kom från några bleckblåsare ur BKS med trummis (jag) som kallade sig för Balders Brass. Varje kursvecka spelade vi på olika ställen utomhus och gjorde reklam för kommande konserter med BKS. Vissa kvällar efter Casselsrepen spelade Balders även utanför annexet. Hur blåsarna orkade detta efter allt repeterande i Cassels är fortfarande en gåta.

Ansvar för att låna ihop slagverksinstrument

Så småningom blev jag invald i orkesterns styrelse. John ville att jag skulle ansvara för allt slagverk och det kändes OK. Eftersom jag inte hade körkort ställde han oftast upp med alla släpvagnstransporter. BKS ägde inget slagverk, så det gällde att alltid låna ihop från närliggande musik-skolor och orkestrar i Dalarna.

Cassels ägde på den tiden endast två timpani och en jättestor gran cassa. John lånade sin mågs släpvagn och det blev många resor i hans bil. Eftersom jag oftast åkte med John var vi tidigt på plats för att duka notställ och belysningar som skulle kopplas med skarvsladdar.

Niklas Vikersjö och Ove Holmberg på Cassels trappa 2006   Foto © John Björklund

En lärdom jag fick var att om slagverkstransporten blev försenad, då uppstod vissa problem. Om vi nu skulle spela i en kyrka eller i Strömsholms slott så var det oftast lång väg att bära, och kom man när alla notställ och stolar var färdigdukade ... Jobbigt!

Åren gick och jag började köra släpet själv och till min oerhört stora glädje kunde jag låna Ludvika Musikskolas stora släpvagn.

BKS hade tack vare John en väldigt skicklig pukslagare från Estland, Andrus Vaht. Han bodde i Fagersta, där John var chef för kulturskolan. Andrus var en noggrann slagverkare och gav oss ynglingar många bra speltips. Tyvärr är inte Andrus i livet längre. Frid vare över hans minne.

Beställningsverk – nya utmaningar för en instrumentraggare

En ny idé föddes i styrelsen. Man skulle låta nya intressanta kompositörer skriva ett beställningsverk till varje sommarkurs. Och nu började en ny epok för mig som instrumentraggare. Stresspåslaget var ibland enormt högt skall sägas. Inför varje sommarkurs sökte jag efter instrument som inte fanns hos oss, eller som jag knappt hört talas om.

En del kompositörer skrev väldigt modernt och ville testa gränserna för vad som var möjligt att göra. Det var en tid av skräckblandad förtjusning. Oftast blev jag inte så lite stressad när jag öppnade kuvertet från John och fick se stämmorna.

Ibland gav jag mig ut på jakt efter annorlunda slagverk. På en välsorterad skrot hittade jag till exempel några perfekta gamla delar som passade alldeles ypperligt i kompositionen Berg-slagen av Kristina Forsman. Ytterligare en utmaning var att i stycket kunna hantera en såg med stråke! Minns även att John Björklund bidrog med ett gammalt tungt tvättkar från sin gård i Kopparberg. Allt för att få fram de rätta klangerna i verket.

I en annan komposition av Kristina, Ninata, ingick oljefat som Andrus Vaht fick öva in sig på. Själv deltog jag inte i den sommarkursen.

En gång saknade vi ett par bra träklubbor till rörklockorna, chimes. Dagen efter kom John med ett par egentillverkade från sin trädgård, och dessa använder jag fortfarande idag!

Aldrig ska jag glömma när kompositören Madeleine Isaksson önskade att en cabasa skulle ljuda kontinuerligt under hela styckets gång. Hon var mycket bestämd över hur hon ville ha det. Rasslet skulle komma och gå i olika nyanser, så jag skapade en förlängning på det korta trähandtaget. Nu kunde jag alltså snurra instrumentet med två händer genom att jag satt på skaftet över en stol. Var det Johns remlösning som låg till grund för idén?

Slagverksprofiler

I och med musikstudier 1987–89 på Landstingets Högre Musikskola i Falun, idag Musikkonservatoriet, kom jag i kontakt med duktiga musikstuderande. En del av dem spelade i många år med BKS. Kjell jobbade nu i Borlänge Musikskola och där fick han fram några riktigt duktiga elever som oftast kunde vara med och spela. Orkestern kunde tack och lov låna slagverk gratis tack vare goda kontakter som jag skapat genom åren. I Norrköping jobbade slagverkaren Tobias "Tobbe" Bergsten, och efter

Kjell tog hans elev Thomas Lille över slagverkstjänsten i Borlänge Musik-skola. Ytterligare två namn värda att nämna ur Kjells elevstab är slag-verkare David Kangasniemi och Erik Lång. Båda mycket skickliga musiker idag.

Nu blev det plötsligt lättare att få hjälp med den långa slagverkslistan inför sommarkurser och andra konserter. Jag hade nöjet att några år bidra med egna elever till BKS. Ett speciellt fint minne har jag från en sommar-kurs där vi spelade slagverksensemble i Norrbärke kyrka. Idén till mitt arrangemang på vackra "Jag vet en dejlig rosa" kom under kursens dagar, när vi stod uppe på Cassels vind och repeterade slagverksstämmor. Jag är väldigt tacksam över att det finns en inspelning av Christer Eklund, som dokumenterat många konserter med BKS genom åren.

Ett år reste BKS till Finland. Vi åkte i en buss och en bil med släp innehållandes bland annat slagverk. Från hamnen gick resan vidare på land mot Imatra. Jag körde släpet och Andrus höll mig vaken. Vädret var inte nådigt, och det var mörkerkörning med risk för vattenplaning … När bilen äntligen hittat fram till orkesterns boende en timme efter bussen, möttes vi av en samling glada, spritt språngande nakna orkesterdeltagare. Festen var igång i bastun. Ölet flödade och livet lekte. Den jobbiga resan var plötsligt historia!

Sommarkurs med Leif Karlsson från Kroumata
Sommarkursen 2010 leddes av Leif Karlsson. Leif, som annars är mest bekant från Kroumataensemblen, hade varit min slagverkslärare på Framnäs Folkhögskola 1990–91. I Gustav Holsts "Planeterna" krävs två pukslagare, och tillsammans med "Carmen Suite" av Rodion Sjtjedrin behövdes många slagverksinstrument. Allt tungt vägande! Här uppstod en del logistiska problem som krävde sina lösningar för att vi skulle få plats med allt slagverk på Cassels scen. Marimba, vibrafon, xylofon, chimes, Glockenspiel, Almglocken, kastanjetter, gran cassa, piatti, tam-tam, liten trumma, plastblock, två concert toms, tamburin, 4 bongos, suspended cymbal med mera …

I januari nästa år spelade BKS åter de här verken med Leif som dirigent. Först spelade vi i Köping, och sedan i Västerås konserthus. Nu uppstod ett stort problem, då Köping inte ville låna ut den nödvändiga slagverks-uppställningen. Minns att jag en väldigt tidig morgon packade släpet i Ludvika, och Tobias tog bland annat med sig tunga rörklockor från Norrköping. Efter konserten i Köping packades släpvagnen återigen, och jag reste tillbaka till Ludvika. I Västerås konserthus lånade man ut ALLT slagverk gratis, tack vare slagverkskontakten med Urban Grip, Västerås Sinfonietta. Stort tack!

Den konserten blev omtalad då några i orkestern insjuknade under konserten av en elak vinterkräksjuka ... Men slagverkarna klarade sig!

Tack!

Sommarkursen 2010 blev den allra sista för mig. Genom åren har kroppen och framförallt fingrarna tagit mycket stryk p g a alla lyft. Även vissa ledbesvär med tumartros i botten har begränsat min fortsatta medverkan i BKS och andra orkestrar.

Jag är oerhört tacksam för allt BKS har gett mig genom åren. En orkesterutbildning med många stora utmaningar ledda av proffsiga dirigenter. Tack för all hjälp av orkesterdeltagare som burit slagverk efter alla konserter!

En gång i min ungdom träffade jag också min blivande fru Anna i BKS – men det är en annan historia!

Niklas Vikersjö

Ordlista

Almglocken: Tyska koklockor med en speciell vacker klang. Olika storlekar.
Bongotrummor: Kubanskt instrument bestående av två sammansatta mindre trä-trummor av olika storlek.
Cabasa: En cylinderformad stålrulle täckt med ett antal kedjor med små stålkulor. Lägges i ena handen. Den andra handen håller ett kort träskaft och vrider fram korta rytmer.
Chimes: Rörklockor. Olika långa stålrör som hänger i en större ställning m en sustainpedal. Spelas med större träklubbor.
Concert toms: Djupa trummor som är parvis monterade på stativ. Spelas på stående.

Glockenspiel: Klockspel. Som ett litet piano med stålplattor monterade plant.

Gran cassa: Stor trumma, s k bastrumma. Monterad på eller i ett stativ.

Liten trumma: Även kallad virveltrumma. Mot underskinnet kan en s k sejarmatta av metallsträngar hissas med en spak. Framkallar ett starkare ljud.

Malletinstrument: Samlingsnamn för slagverkarnas melodiska instrument. *Mallets* betyder klubbor. Skaft med olika hårda spelhuvuden monterade på.

Marimba: Som en stor xylofon med träplattor av rosenträ eller padok. Omfång 4–5 oktaver. Den lägsta klingande plattan ger namnet A-marimba, C-marimba etc.

Piatti: Parcymbaler. En cymbal i varje hand försedd med ett handtag eller rem runt handen.

Steel pan (även steeldrum eller oljefat) är ett slaginstrument, närmare bestämt en idiofon, som görs av oljefat.

Tamburin: Rund träram oftast klädd med ett spänt trumskinn av djurhud. Monterade små minicymbaler runt om.

Tamtam: Ett asiatiskt instrument som är en variant av gongen. Större metallskiva som växer i ljudstyrka ju mer den anslås.

Timpani: Orkesterpukor med en omstämningsmekanik som sköts med fotpedaler. Äldre pukor stäms om med en vev.

Vibrafon: Som ett piano med en sustainpedal. Monterade större metallplattor. Ovanför resonansrören, under varje tonplatta, snurrar platta metalldelar. Stänger och öppnar rören med hjälp av en liten motor. Ger instrumentet en vibrerande klang.

Xylofon: Kortare ljusare omfång än hos marimban. Plattor av hårt trä eller kelon.

Orkestern spelar min musik!

Kristina Forsman berättar

Kristina Forsman   Foto © Abdou Diagne

Jag minns mycket väl första gången jag träffade John Björklund. Det var hösten 1989 och jag hade nästan gått min första termin på Sjöviks Folkhögskola. Vi hade en symfoniorkesterkonsert i Folkärna kyrka, och jag spelade bland annat en fagottstämma på sordinerad trombon.

Efter konserten frågade John om jag var intresserad av att spela mer i symfoniorkester. Han berättade om Bergslagens Kammarsymfoniker. Jag kände mig väldigt glad och hedrad!

Spel i BKS under utbildningsåren
Efter två år på Sjöviks Folkhögskola gick jag fyra år på *Ingesunds Musik-högskola*, därefter 2 år på Gotlands Tonsättarskola, och slutligen 4 år på kompositionsutbildningen på Kungliga Musikhögskolan (KMH) i Stockholm. Under alla dessa studieår spelade jag med Bergslagens Kammarsymfoniker - med olika intensitet och i olika stämmor - första trombon eller andra trombon. Helgkonserter såväl som sommarkurser.

Jag satt även med i styrelsen ett tag. Det var praktiskt och enkelt att "ragga" nya musiker då jag gick på KMH, och det var lika roligt som lärorikt! På den tiden hade man fast telefonlinje, inga mobiler, ingen Skype, inga datorer. När vi hade styrelsemöte via telefon var det inte lätt att höra vem som tog till orda, då alla röster kom från samma håll! Roligast var det när vi kunde träffas, i styrelsen och i orkestern!

Så många härliga, intressanta, roliga, trevliga, begåvade, djupsinniga och musikaliska människor jag fått träffa genom åren, såväl dirigenter som musiker! Halvproffs, helproffs, studenter - alltid en härlig blandning! I orkestern finns också en spännande mix av olika yrken.

Började komponera redan på folkhögskolan
Redan på Sjöviks Folkhögskola började jag komponera. I efterhand har jag fått veta att mina klasskompisar tyckte jag var lite jobbig, som tyckte det var intressant och spännande med harmonilärans begrepp som tritonussubstitut, bedrägliga kadenser, tvärstånd och neapolitanska sext-ackord.

Trombonen och komponerandet gick hand i hand under många, många år. Sedan tillkom ett tredje ben: att undervisa som musiklärare. Sven-David Sandström försökte få mig att välja bort trombonen och undervisandet för att helt ägna mig åt komposition. Men för mig har allt detta hängt ihop. Det har varit en kombo som varit rolig, givande och lärorik!

Trots alla årens musikstudier tycker jag att det var genom att spela med Bergslagens Kammarsymfoniker som jag lärde mig mest. Jag hade oftast ett fickpartitur med mig på den musik vi för tillfället spelade. Här lärde jag mig mycket om orkestrering och notation. Men jag fick också se hur en upplevd klingande känsla kunde ta sig ut i noter. Avspänning/spänning, hur låter de olika instrumenten i de olika registren, vilka instrumentkombinationer skapar spännande klanger? Jag blev varse dynamikens kraft, även den svaga.

Räddad av fickpartituret

Jo, mitt medhavda fickpartitur räddade tubaisten Torgny en gång under sommarkursen, när hans bil blev stulen. Jag tror det var i Surahammar. Vi trodde han skojade när han sa att han inte hittade sin bil. Men den var verkligen spårlöst försvunnen! Tur i oturen, hade vi spelat med Balders brass, så tuban var inte kvar i bilen. Det var däremot hans noter ... Stycket som vi skulle spela kan ha varit Bartóks violinkonsert nr 1 som börjar melodiskt med tonerna i ett maj-ackord ... Torgny fick i alla fall spela sin stämma från fickpartituret.

Bara att få spela lilla f i pianonyans, helnot, var en stor upplevelse, en ren njutning. Jag blev en del i ett kollektiv, en pusselbit i en större klangbild.

Sommarkursen var också ett härligt avbrott i min annars spartanska studenttillvaro. Tänk att få alla mål mat, bara sätta sig med sin tallrik och få ha spännande, roliga och intressanta samtal till frukost såväl som till middag! Sen gå och öva lite, kanske bada, spela lite brunnsmusik, lite Balders bar, en promenad eller fika. Och framförallt att få repetera med orkestern! Så många olika dirigenter, solister, medmusikanter jag mött genom åren, och så mycket fantastisk musik!

Komponerat för BKS

Jag har också haft den oerhörda glädjen och förmånen att få komponera för Bergslagens Kammarsymfoniker. Inte bara en gång, utan flera! När jag gick på Gotlands Tonsättarskola skrev jag orkesterverket NINATA (Noch ist nicht aller Tage Abend), med begynnelsebokstäverna orkest-rerade så de syntes i ett mycket komprimerat partitur! Senare skrev jag Akkasí! (Aha, jag förstår! på oromo, ett av språken som talas i Etiopien, där jag vuxit upp som barn). Akkasí! blev föremål för en C-uppsats av Gunilla Unnerstad som spelade i orkestern. För detta verk fick jag sedan Carina Malmlöf Forsslings stipendium.

Vem hittar tubainsatsen i fickpartituret? Ur Bela Bartóks violinkonsert nr 1. Se föreg. sida!

Jag skrev *Berg-slagen*, för bleckblås, såg och slagverk. Toomas Kapten dirigerade. Senare omarbetade jag verket något, och då fick det heta Rock the beat, med tillagd theremin[3] samt något kortare fri del.

Ninata, Akkasí och Rock the beat finns att lyssna på, på min hemsida.

Jag minns inte vad som blev min sista konsert i Bergslagens Kammarsymfoniker. Men jag minns att John Björklund kontaktade mig medan jag ännu ammade min son, det borde varit sommaren 2013 eller 2014. Jag sade med sorg i hjärtat nej till att komma och spela på sommarkursen - det blev helt enkelt för mycket att orka och hinna med.

Jag har inte spelat trombon sen 2012, men jag längtar och har längtat efter att spela i alla dessa år. Komponerandet har tagit överhand. Dock är jag fortfarande en växelbrukande tonsättare/musiklärare men med olika proportioner olika år, beroende på hur livet och möjligheterna ser ut. Jag sänder alla goda tankar till alla jag lärt känna, ingen nämnd, ingen glömd, såväl de som inte längre vandrar med oss på jorden, som de som jag inte träffat på många, många år, liksom de jag fortfarande träffar och umgås med.

Tack till musikens förenande kraft!

Tack till Bergslagens Kammarsymfoniker, John Björklund med flera som under åren drivit denna fantastiska och unika orkester, som lärt mig så mycket på så många plan! Jag längtar efter att få ses igen!

Kristina Forsman

www.kristinaforsman.se

---

[3]*Theremin* är ett tidigt elektroniskt musikinstrument som uppfanns 1919 av Léon Theremin. Instrumentet patenterades i USA 1928. En theremin har en speciell sopranliknande ljudbild med ett lätt frambringat vibrato. Signaturmelodin till teveserien Morden i Midsomer spelas på theremin.

Valthorn i samklang

Foto © Per-Ola Eneroth

BKS-spelets uppfinnare Tomas Sahlberg i färd med att försöka undvika att allt går på tok i en orkesters verksamhet.

Foto © Lena Borgström

Hornsektionen i BKS – ett steg i en svensk-norsk musikerkarriär

Karin Johansson berättar

Karin Johansson

Foto © Dag Henrik Amundsen

Mitt musikintresse väcktes tidigt. Hemma spelades det ofta musik. Genrerna var allt från Mozart till ABBA. Emellanåt hördes också medeltida musik med Joculatores Upsalienses, som pappa har på LP-skiva. Hemma stod det ett piano som jag plinkade på. Som 9-åring började jag i kulturskolan på piano.

Efterhand kände jag att pianot inte var instrumentet för mig, det var svårt att hålla koll på alla fingrarna. Jag tänkte att trumpet kunde vara något för mig, bara tre "knappar" att trycka på. Hur man med bara tre knappar kunde spela alla toner bekymrade mig inte.

Dock så började jag aldrig som trumpetelev. En musiker i familjens bekantskapskrets sa till mig: "Nej, du ska spela valthorn, det är inte så många som gör det så då är det mycket lättare att få jobb!".

Att hitta sitt instrument

Jag var 11 år, året var 2001 och jag visste inte vad ett valthorn var för något. Men jag kunde väl prova, tänkte jag. Det var i november och långt in på höstterminen, men jag fick ändå komma och prova en lektion på kulturskolan i Kungsbacka. Jag kände med en gång att jag hittat rätt. Valthornet var instrumentet för mig.

Fem år senare började jag på musiklinjen på Hvitfeldtska gymnasiet i Göteborg. I tillägg till alla musikprojekt på gymnasiet kunde jag spela i olika ensembler på fritiden: Göteborgs ungdomsorkester, Göteborgs blåsar-sinfonietta och Göteborgs musikkår.

Det var så jag kom med i Bergslagens Kammarsymfoniker. Hornisterna i musikkåren blev uppringda av Micaela Hoppe som letade efter fler hornister till sommarkursen år 2009. Jag och min lärare Ingrid blev med i hornsektionen, med Janne Eriksson, Micaela Hoppe och Irene Carlsen.

Sommarkursen var en fin upplevelse. Vi spelade Arvo Pärt. Tomas Sahlberg var årets kompositör med sin skojfriska Smådjurens karneval Orkesterns ordförande John Björklund for runt och ordnade en massa saker, förutom att han spelade fagott.

Mest av allt minns jag Mozarts Gran Partita, som vi blåsare spelade på flera konserter. Den för mig mest minnesvärda var i Hörkens tjärdoftande träkyrka mitt inne i skogen. Det var en helt speciell atmosfär. Ensemblen var ännu mer samspelt än vanligt. Akustiken i den lilla kyrkan passade så fint till Gran Partita. Efteråt bjöds vi på fika i församlingshemmet.

Avslutningsspex med Askungesaga

Sommarkursen 2009 gjorde horngruppen också ett spex på avslutnings-middagen. Jag var Askungen, Irene var den onda styvmodern, Micaela och Ingrid var styvsystrarna och Janne var prins "horny corny". Det blev väldigt uppskattat och startade en tradition med spex på avslutnings-middagarna och vandringspris.

2009 var för övrigt en händelserik sommar, då jag just blivit färdig med gymnasiet och flyttade 30 mil hemifrån för att studera på Ingesund i Arvika. Mitt första möte med BKS sammanfaller således med mitt första steg ut i vuxenlivet. Det blev sammanlagt sju år i Arvika, först två på förberedande musikutbildningar och därefter fem på musiklärarutbildningen på Ingesund. Under de sju åren var jag med på nästan alla sommarkurser med BKS och många av helgprojekten.

En av de saker jag uppskattar med BKS är att det är så stor åldersspridning, både studenter, vuxna och pensionärer. Jag lärde känna flera pensionerade musiker som kunde berätta om ett händelserikt arbetsliv, vilket för mig som musikstudent var väldigt inspirerande. Det är också fint att ha träffat så många engagerade amatörer, som har vanliga jobb men älskar att spela. Den passionen och engagemanget som de har är så viktigt att ha med sig som musikstudent, både i det frivilliga och professionella musiklivet.

Det blev flera storslagna orkesterverk med BKS, bland annat var Verdis Requiem i Uppsala domkyrka och Finland en stor upplevelse.

Jag fick också möjligheten att spela i blåskvintetten Sonus och brasskvintetten Ottone, som hade egna projekt och konserter vid sidan av orkesterns projekt. Att spela kammarmusik är något jag trivs väldigt bra med. Det öppnar möjligheter för musicerande och samspel som man inte alltid har i en stor orkester.

Ur Wilhelm Stenhammars symfoni nr 2 g-moll op 34

Studier och jobb i Norge

2015 sökte jag till musikerutbildningen på Norges Musikkhøgskole (NMH). Jag kom in och fick ledigt från Ingesund i ett år för att studera på NMH. Jag insåg fort att det är mycket bättre jobbmöjligheter i Norge för blåslärare än det är i Sverige, tack vare den speciella korpskulturen.

Efter mitt första år på NMH kom jag tillbaka till Arvika för att göra färdig min musiklärarutbildning. Samtidigt som jag satt med examensarbetet på Ingesund satt jag och Sandra Sundblom och planerade den första versionen av Bergslagssolisten, där unga musiker kunde provspela, och vinnaren fick vara solist med BKS.

Tävlingen genomfördes i april 2017 i Skinnskatteberg, och vi hade två solister på sommarkursen det året, en på saxofon och en på violin. Sommaren 2017 blev jag också färdig musiklärare, tog körkort och flyttade tillbaka till Norge för att fortsätta studierna på NMH.

Här i Norge har jag jobb på två kulturskolor och ett korps. Jag har nu sammanlagt 23 valthornelever, 10 trumpetelever och två euphonium-elever. Ett av projekten jag är engagerad i är en barnorkester som heter Kolben unge filharmonikere, för elever som är 8–13 år gamla. Orkestern startades av två av mina kollegor, och eleverna får spela i en stor symfoni-orkester, med stråk, blås, slagverk och piano. Orkestern har två helg-projekt om året.

Sedan jag flyttade till Norge har jag haft fullt med jobb och har inte haft möjlighet att vara med och spela med BKS, vare sig på sommarkurser, helgprojekt eller med kammarensembler.

Under pandemin var det mycket nedstängningar i Norge och få möjligheter att spela ensemble. En dag efter pandemin ringde min trombonkollega mig och frågade om jag ville spela brasskvintett. Jag sa ja, och ensemblen heter FEM messing. Vi har spelat tillsammans sedan hösten 2022, och jag har skrivit flera av kvintettens arrangemang som vi fram-fört på konserter. Jag har med mig det jag lärde från BKS, både som musiker och lärare till mina elever.

Begravningsmusik – på begäran
Ett till minne som jag kommer att ha med mig genom livet var när orkesterns tidigare ordförande John Björklund hade gått bort. Det var en hel orkester på begravningen, med många BKS-medlemmar, och kistan stod mitt i, där John hade suttit när han spelade fagott. John hade bestämt precis vad som skulle spelas på begravningen, så det var som en konsert som han själv hade planerat. Tomas Sahlberg, Lars Haglund och jag spelade bland annat en trio, jag tror det var från Mozarts Trollflöjten. John hade sagt att arrangemanget skulle finnas för klarinett, horn och fagott, men det gick inte att hitta. Så Tomas skrev ett nytt arrangemang för oss. Det klingade fint. Precis som jag tror att John skulle ha önskat.

Karin Johansson

Ur Wilhelm Stenhammars symfoni nr 2 g-moll op 34

Och här klingar Stenhammarsymfonin ut. Den har följt med genom hela den här boken. Symfonin har gjort ett starkt intryck på mig. Det är inte bara för att det var den symfonin som vi under Stefan Solyoms ledning spelade 2001, första gången som jag var med på sommarkursen med Bergslagens Kammarsymfoniker. Fortfarande efter alla år kan jag känna första satsens tema, som det presenteras av fagott, viola och cello, in på bara kroppen. Men det här verket räknas också till de riktigt stora senromantiska symfonierna. Så sent som häromveckan hörde jag den spelas i radions p2.

Kära läsare! Hoppas vi ses på någon BKS-konsert framöver. Håll gärna koll på orkesterns hemsida www.kammarsymfoniker.se eller Facebook, så behöver du inte missa när och var vi spelar.

Leksand våren 2024

Gustaf Berglund